后元宇宙时代

〔日〕佐藤航阳 著
姚山宏 译

中国出版集团
中译出版社

Oniginal Japanese title: SEKAl 2.0 METAVERSE NO ARUKIKATA TO TSUKURIKATA@2022 Katsuaki Sato
Oniginal Japanese edition published by Gentosha lnc.
Simplified Chinese translation rights©2024 by China translation & Publishing House Co., Ltd.

著作权合同登记号：图字 01-2023-3665 号

图书在版编目（ＣＩＰ）数据

后元宇宙时代 /（日）佐藤航阳著；姚山宏译. -- 北京：中译出版社，2024.1
ISBN 978-7-5001-7613-8

Ⅰ．①后… Ⅱ．①佐… ②姚… Ⅲ．①信息经济 Ⅳ．①F49

中国国家版本馆CIP数据核字(2023)第213655号

后元宇宙时代
HOU YUANYUZHOU SHIDAI

策划编辑：费可心	责任编辑：张孟桥
营销编辑：白雪圆	封面设计：潘　峰
版权支持：马燕琦	

出版发行：中译出版社
地　　址：北京市西城区新街口外大街 28 号普天德胜科技园主楼 4 层
电　　话：(010)68005858, 68358224（编辑部）
邮　　编：100088
电子邮箱：book@ctph.com.cn
网　　址：http://www.ctph.com.cn

排　　版：北京竹页文化传媒有限公司
印　　刷：北京盛通印刷股份有限公司
经　　销：新华书店
规　　格：710 毫米 ×1000 毫米　1/16
印　　张：13.75
字　　数：96 千字
版　　次：2024 年 1 月第 1 版
印　　次：2024 年 1 月第 1 次

ISBN 978-7-5001-7613-8　　定价：**69.00 元**

版权所有　侵权必究
中　译　出　版　社

目 录

绪　论　带你走进元宇宙　　　　　　　　　　　/ 001

第一章　元宇宙给人类带来的冲击　　　　　　　/ 039
第二章　创造世界的方法之一·视觉空间　　　　/ 085
第三章　创造世界的方法之二·生态系统　　　　/ 103
第四章　从竞争的世纪步入创造的世纪　　　　　/ 157
第五章　后元宇宙时代的新世界　　　　　　　　/ 179
尾　声　用自己的双眼去观察真实的世界　　　　/ 209

绪论
带你走进元宇宙

朋克不是方式,而是态度。

——乔·斯特拉莫

如今，提及"元宇宙"，有人认为它是自互联网普及以来的一场新革命，有人则只当它是一场笑话。

鉴于人们对于元宇宙的看法分成了完全对立的两派，我认为有必要对应该如何看待元宇宙这一问题做出说明。这个绪论或许会有些长，还请各位读者能够耐心阅读。

或许有些读者拿到这本书时才听说"元宇宙"（Metaverse）这个词语。

所谓元宇宙是指建立在互联网上的3D虚拟空间。1992年美国作家尼尔·斯蒂文森出版了名为《雪崩》的科幻小说，在这部小说中他首次使用了"元宇宙"这个词语。Metaverse是通过将Meta（是指超越概念的上位概念）与"Universe"（宇宙）组合起来造出的新词。

人类佩戴上VR眼镜就可以进入利用虚拟现实技术创建的另一个世界。

人们如同误打误撞地进入了一个与现在完全不同的世界，在那里可以开始各种探险。科幻小说《雪崩》中的幻想描写对于基努·里维斯主演的电影《黑客帝国》（1999 年公映）、史蒂文·斯皮尔伯格执导的电影《头号玩家》（2018 年公映）等作品都产生了巨大影响。

据说，谷歌地图（Google Maps）、谷歌地球（Google Earth）（两项服务都是 2005 年上线的）也是从《雪崩》中的名为"地球"的机器中得到启发的。

元宇宙的世界并不是卡带游戏时代的《勇者斗恶龙》那样的"完成品"。从上传到网上那一刻到扩散开来，用户可以随意重新编写程序。用户登录后，分身（Avatar）就可以自由自在地在元宇宙的世界里驰骋。分身既可以像《黑客帝国》中的基努·里维斯那样在空中飞翔，也可以在元宇宙中与其他分身进行交谈。

2003 年美国的创业公司——"林登实验室"推出了名为《第二人生》的元宇宙。最终，《第二人生》由于理念过于超前而惨遭失败。

通信速度过慢可以说是导致《第二人生》失败的其中一个原因。人们在元宇宙中享受冒险时，需要在短时间内处理大量的信息。然而，在 4G、5G 等高速网络尚未问世的 21 世纪初期，人们无法精巧地设计出仿佛能够亲临其境的《第二人生》。

在用户登录之后，映入眼帘的尽是与其他游戏相形见绌的粗劣画面，途中还会遇到死机、画面卡顿等问题。用户对《第二人生》敬而远之也是情理之中的事。

然而，进入 21 世纪前十年的后期，元宇宙所处的环境发生了巨变。相比于 21 世纪初，个人电脑与智能手机的性能得到极大的提升，能长时间连线的高速网络已成为稀松平常的基础设施，人们即使连续数小时操作超高清画质的视频也不会再遇到卡顿问题。

2002 年发布的《最终幻想Ⅰ》、2020 年发售的 Nintendo Switch 的《集合啦！动物森友会》等基于元宇宙概念的在线游戏受到人们的追捧。

由于这些游戏可供许多用户同时在线参与，称这样的游戏为 MMORPG（Massively Multiplayer Online Role Playing Game，大型多人在线角色扮演游戏）的人越来越多。

2017 年美国的 Epic Games[①] 发布了在线游戏——《Fortnite（堡垒之夜）》，引发了全世界玩家的关注。Epic Games 的 CEO——蒂姆·斯维尼将《Fortnite》的虚拟空间称为"元宇宙"，并使其成为一个流行语。

自从《Fortnite》发布后，元宇宙这一词语作为一个流行语越来越广泛地被人们所知。

之后每隔 2 至 3 年，"AI""区块链""虚拟货币"等流行语就会涌现出来。

这些新词都给世界经济带来了巨大的影响，给股票市场乃至整个社会带来了急剧的变化。如今，针对股票市场、世界经济，元宇宙正发挥着无可比拟的深度影响力。

---

① Epic Games：近十年来较有人气的游戏制作团队之一，旗下有畅销游戏《战争系列》等。

人类是如何看待流行语的?

人们对流行语的态度大概可以分为三类。

第一类，老年人。很多老年人认为"新词很不靠谱""难以相信在互联网上建立另一个世界，人类以那个世界为中心而生活"。那些习惯于以往常识的人无法接受全新的世界观。

第二类，年轻人。很多年轻人认为"如果对自己有用，那就尝试接受这样的流行语，并思考如何为己所用"。

人们尝试新鲜事物时，或许会遭遇一些不愉快的经历，或许会损失一些金钱。但话虽如此，人们如果不畏风险，接受挑战，也是有可能在元宇宙的世界中找到发展新事业、建立新公司的机遇的。对于流行语，充满挑战精神的年轻人并没有像老年人那样持否定态度。

第三类，介于上述二者中间的人们。这些人大多对元宇宙持有"元宇宙吗？知道是知道，不过那应该是个无聊的东西吧"这样的嘲笑态度。相比于老年人，他们并不是那么抵触新鲜事物，但也不会像年轻人那样积极地探索、寻找机会。他们会站在远远的地方采取冷眼旁观的态度。

从经验的角度来看，在这三类人群中，除了第二类人群，其他两类人群都不会有任何收获。

第三类人群最终可能最后悔。为什么呢？那是因为第三类人群虽然表面上持否定态度，但是内心却在想"或许能有什么对自己有用的机会"。

在事情出现转机时，第三类人群会180度地改变自己的看法。然而，此时第二类人群已经将所有的机会都占尽了。在竞争的世界中，持机会主义态度的人们是得不到什么机会的。

对于拥有全世界最好的人才、最强的资金实力的GAFA［谷歌（Google）、苹果（Apple）、脸书（Facebook）①、亚马逊（Amazon）］中的两家公司（Apple 和 Facebook）做出的向新领域投入上万亿日元的决定，我们普通人是难以理解的。作为iPhone、Instagram的用户，我对这两家公司的自信"爆棚"感到惊叹不已。

在这部书中，我希望各位能够尽量摒弃刻板印象，融入元宇宙的新潮流中，探索能给自己的人生带来积极变化的机会。

预测科技进步的方法

如果我们可以预测科技进步的趋势，在未来的社会中就能够取得优势。预测未来本身是一件非常困难的事，但是针对基于计算机的技术做出准确预测的概率却是非常高的。

7年前，我曾经出版了一本书，书名为《面向未来的思维方法》（直译书名）。但稿子实际上是我10年前写的。

---

① 脸书：美国著名社交媒体平台"Facebook"译称，该公司于2021年宣布将部分品牌更名为"Meta"。——编者注

我在书中写的都是有关科技的普遍规律，所以现在拿来阅读也是有价值的（如果各位有兴趣，请务必阅读一下）。在这里，我想将一些有关科技的规律介绍给各位。

这些都对阅读本书内容有所帮助，构成了我在之后各章中所阐述内容的基础。

科技的本质性特征可以归纳为三点。这三点是：科技能够强化人类的能力，科技能够教育人类，科技为人类带来小到手中的工具、大到可以直达宇宙的宇宙飞船。

强化人类的能力

一直以来，人类借助科技的力量，提高了自己的能力，做到了许多仅凭个人无法做到的事情。蒸汽、电力技术为人类带来了相当于人力的数万倍的力量。计算机与互联网的本质在于"智能的强化"。

伴随计算机的发明，人类获得了远远超出个体大脑的计算能力，通过互联网可以远程与任何人交流。

如果说蒸汽、电力等科技带来的是现实世界中的"动力革命"的话，那么计算机所带来的就是大脑内的"智能革命"。

教育人类

科技具有伴随时间的推移，发挥教育人类的功能性质。某种新科技在社会上普及之后不久，人类就会利用这种科技改变自己的生活方式。

这种情况如同科技对人类实施了教育。其中，计算机就是一个典型的例子。早期的计算机只是一种能够迅速处理大量数据、强化人类计算能力的工具而已。

然而，伴随计算机在社会中的渗透，人类开始通过使用计算机对庞大数量的数据进行学习来提高其智能。如今，计算机已经可以向人类"传授"最为有效的做法了。最初，计算机只是按照人类输入的指令工作，伴随时间的推移，计算机已经逐渐成为指点人们应该如何行事的"老师"了。

从手中的工具到宇宙飞船

我们从物理位置的角度进行观察，就会发现在科技发展过程中存在一定的规律。在前面，我曾讲过科技帮助人类强化能力的内容，这种强化总是从"身边"开始的。

最初是手脚能力的强化。人类通过使用钝器、斧子、弓箭等武器实现了手部机能的强化，通过穿草鞋实现了脚部机能的强化。随后，科技帮助人类在躯体及物理空间以外的其他空间实现能力的强化。人类工具的发展，从最初手上的工具到室内用具再到室外的一些代步工具，如火车、汽车，能够克服重力的飞机、离开地球飞向宇宙的宇宙飞船的发展过程。

科技会遵循一定的顺序，向越来越远的远方前进。伴随这种进步，科技就变成一种日常的风景而失去新鲜感。

科技进步的顺序存在一定的规律。新科技基本上先由"消费者"使用，接下来是在"企业"中得到有效利用，最后被引入"行政机构"。

之所以会形成这个顺序,是因为人们做出决策的轻松程度发挥了一定作用。

我们个人如果觉得什么新鲜事物很有趣,可以简单地去尝试。对企业而言,员工、股东等相关人员数量多。如果是大企业,甚至会拥有上万的员工、客户、股东,所以无法像个人那样简单地进行尝试。如果是行政机构,就会涉及几十万市民、几千万国民,事先必须进行慎重的讨论。

因此,新科技技术的普及存在这样的问题,即在向"个人"渗透的3至5年以后,会在"企业"中得到有效利用,再过3至5年才被引入"行政机构"。

例如,人们会使用云端来管理信息。对个人而言,使用Drop-Box、Google Drive、iCloud的方式从2010年上半年开始就已得到普及。而日本的行政机构现在还在使用传真,2022年才开始引入使用云端来管理信息的方式。

如果我们了解了这样的有关科技的规律,就可以对现在的技术今后将会得到怎样的应用、在什么时候会在什么样的人群中得到普及做出预测。

我在阅读30年前的书籍时,惊讶地发现有些作者竟然对2022年的社会面貌做出了准确的预测。然而,即便我们能够对科技的进步、未来的发展做出准确的预测,也不意味着我们能在经济层面上取得成功。为什么呢?那是因为"辨别恰当的时机"是一件极为困难的事。关于这一点,我会在下面的章节中进行阐述。

时机决定一切

科技是为了应对社会难题而出现的。那些了解目前世界上存在什么样的难题、存在什么样的科技的人，也可以预测出接下来什么样的科技会更吸引人们的注意。

然而，这并不是一件简单的事情。在现实社会中，时机基本上可以决定人们的成功。

时机过早，则很难引起人们关注；错过时机，则好东西都已被人拿走。在读懂科技的发展过程的基础上，要看重"天时、地利"的先机，懂得把握比别人快"半步"的机会才可能成功。

一位悲剧的天才——"过于超前的男人"

在这里，我想给各位介绍一位"过于超前的"悲剧天才的故事。

各位知道一位名叫尼古拉·特斯拉的科学家吗？大众一般认为电灯是由托马斯·爱迪生发明的，但其实现在占据主流的交流电流是由特斯拉发明的（爱迪生发明了直流电流）。

早在一百多年以前，特斯拉就已经开始了无线输电技术相关的研究工作。

如今，人们普遍采用有线电缆输送电力。当时，特斯拉考虑的是如何通过空气输送电力的问题，换言之，他想要构建一个电力版的 Wi-Fi。

彼时，特斯拉从摩根财团获得了资金赞助，建造了一座名为"沃登克里弗"的约 60 米高的巨塔，他夜以继日地在那里从事研究工作。从塔中时不时地会传出巨响，住在附近的人们说自己曾经看到"从巨塔发出雷电"。当然，特斯拉的研究最终遭遇挫折，被迫中止。

当时，有线输电的基础设施刚刚建设完成。对于彼时的人们而言，究竟要花费多少研究经费才能实现无线输电，完全是一个未知数。

最终，失去资助的特斯拉在寂寞与孤独中躺在自家的床上，离开了人世。他的境遇与在经济上取得成功、在社会上博得名声的爱迪生形成了鲜明的对照。

直至 2015 年，日本的三菱重工取得了无线输电技术实验的成功，人们才认为这项技术可被用于未来的宇宙光伏发电计划。

宇宙光伏发电计划是指，先将太阳能电池板送入静止轨道，然后将在宇宙中产生的电力以微波形式输送到地球，最后再将其转换为电能加以利用。

在无线输电领域，人类取得成功是在 2015 年，从特斯拉遭遇实验失败、被迫拆除巨塔的 1917 年算起，已经过去了大约一百年的时间。

想必特斯拉当时从理论上认为无线输电是可行的。然而，他思想过于超前了。恰恰因为特斯拉是一位天才，他的思想领先其他人近一百年。

我们从下面这段他在 1904 年接受某杂志采访时的谈话内容，也可以看出他是一位"思想过于超前的天才"。

"未来，我们通过使用能够装入衣服口袋的廉价的、操作简单的装置，无论置身于海上还是陆地上都可以接收全世界的新闻、为达到某种目的而发出的特殊信息。如此，地球整体就变成一个彼此能够协调工作的巨大的头脑。仅利用一个一百马力的设施，就可以操作数以亿计的机器。这样的系统必然可以发挥难以估量的能力，信息传递将会变得相当容易，费用也会降低。"

可以说，他在一百年以前就已经清晰地看到了互联网与智能手机得到普及的未来。

之后，有一位少年为悲剧天才的故事动容落泪。

这位少年下决心努力避免特斯拉悲剧在自己身上重演。他认为"即使有了绝佳的创意，没有商业知识也是毫无意义的"，于是树立了实现研究开发、商业成功双丰收的信念。

他进入大学的研究生院学习，之后创建了搜索引擎，成功打造了世界级的企业。这家公司就是现在的"Google"。创业者拉里·佩奇曾在年少时受到特斯拉的强烈影响。

此外，某个小型电动汽车制造商为了让世人铭记特斯拉这位过于超前的天才而特意将公司命名为"特斯拉汽车"。此后，公司更名为"特斯拉",发展成为由埃隆·马斯克率领的全世界最大的电动汽车制造商。

尼古拉·特斯拉在世期间没有得到什么回报,但是他的发明与故事对后世的人产生了重大影响,激励了继承其遗志的后世天才们去改变世界。从这个角度看,特斯拉是一位在死后才终于获得肯定评价的人物。

不过,我们要想在在世时取得成果,就必须以尼古拉·特斯拉的人生经历作为教训,深刻认识到时机的重要性。

周围人们的反应是试金石

那么,我们怎样辨别时机呢?我们在思考辨别时机的方法之前,作为大前提对有些事项必须加以理解。

我们无法做到完美地辨别时机。那是因为人类无法了解世界上所有的不确定性。

然而,对于时机而言,某种程度上的"缓冲(可容许的误差)"是可以接受的。重点在于时机的误差是否控制在"缓冲"的范围内。

我们辨别时机时最好的试金石是周围人们的反应。作为结果而言,人们在商业领域展开竞争的时候,时机只具有相对意义。判断时机尚早还是时机已过,取决于与潜在的竞争的关联性。

作为我个人的经验之谈,我认为在一部分"技术宅"醉心于其中，而其他人无动于衷、不能理解的时候，是我们出手的最佳时机。

奋斗于尖端领域的人们与过着普通生活的人们相比，信息量的差异相当大。

与熟悉技术的人相比，不了解技术发展的人会延迟几年才能得到接触技术的机会。科技犹如在水面上扩散的波纹，从中心向外侧做波状扩散。平时喜欢动手制作东西、富有创造性的人们一旦发现完全不同于以往的科技时，就会醉心于其中。这是这些人士的特质。

相反，对科技不太热衷的人们只会在听了媒体的频繁报道、周围的人们已经开始使用这种科技时，才会开始使用它。如果我们在波纹从"技术宅"向普通人传递的过程中介入的话，当该科技在社会上占据主流位置时，我们就能赢得优势。

区块链也是一样的。比特币刚刚问世时，只有"技术宅"能够通过阅读中本聪的论文理解比特币的创新性。他们之所以具备这样的理解能力，是因为他们掌握了涉及经济学、货币、加密技术、工程等广泛领域的丰富知识。

在区块链早期阶段，目睹"技术宅"醉心于其中并参与的人们应该获得了丰厚的回报。计算机、互联网也是如此。

构建元宇宙，现在正当时

对于元宇宙而言，上述的规律也完全适用。

在社会上的人们还未使用元宇宙一词之前，已经感知了《Fortnite》、Epic Games 的飞跃式发展、3DCG（三维计算机图形）技术、VR 技术进步的"技术宅"一定会有"元宇宙是一场重大的科技革命"的感觉。

相比之下，普通人应该只是停留在"那不就是《第二人生》吗？"的水平，看不出过去的技术与如今的技术有什么区别。

如果您是个对科技怀有深厚兴趣并且乐于自己动手制作的人，最便捷的方法就是观察周围人的反应。

看到比自己能力强的人醉心于某种新技术，不懂新技术的人表示无法理解、不感兴趣或者持否认态度的时候，我们介入这样的技术极有可能是好的选择。

当然，也有例外。如果您是二十多岁、三十多岁的年轻人，我们可以观察一下自己向父母解释新技术时他们做出的反应。

如果他们听了我们的说明，理解起来比较困难，或者表示完全不能理解，那么对我们而言机会还是存在的。如果他们对我们所说的技术非常熟悉，甚至已经开始使用，那说明最佳时机已经错过了。

不过，即使您对技术并不是那么熟悉，也可以简单地对未来做出预测。我们可以通过对"孩子的娱乐方式"的观察来把握"未来"。

通过对"孩子的娱乐方式"的观察来把握"未来"

英国科幻作家道格拉斯·亚当斯为我们留下了下面非常具有说服力的名言：

> "任何在我出生时已经有的科技都是日常世界本来的一部分。任何在我15～35岁之间诞生的科技都是将会改变世界的革命性产物。任何在我35岁之后诞生的科技都是违反自然规律要遭天谴的。"

看到上述的表达，想必有人会条件反射般地反对说："我不是这样的！"道格拉斯·亚当斯所要表达的只是一种倾向而已，例外、个体差异当然是存在的。

不过，在人类的大脑中，伴随各种各样的经历，思维模式就会逐渐固化，进而形成"世界就是这样的"之类的固定观念。这种情况不可避免。

成人因为具备这样的常识，所以不容易遭遇失败。实际上，像学习语言那样，婴儿时期可以自然地学会，一旦成人了反而难以学会的事情也是非常多的。

例如，当新科技出现在婴儿、幼儿眼前时，他们并不了解这种科技出现前的世界，所以他们会如同接受剪刀、灯泡那样作为"工具"欣然接受这种科技。

对于他们来说，并不存在判断"新"与"旧"的标准。他们无法拒绝自己出生的时候就已经存在的事物。这与我们无法拒绝地铁、飞机的道理是一样的。

与此相反，我们可以通过对15岁以下孩子的娱乐方式的观察，对未来什么样的科技将会得到普及做出预测，而且做出准确预测的概率非常高。

婴儿、幼儿无法区分电视和短视频网站的区别。

在他们眼里，通过电视和短视频网站都可以看到令人愉悦的影像，孰新孰旧根本就无所谓。

我认为在大约10年前就预见到孩子们会一直看YouTube的人，也应该以相当高的概率预测到了如今短视频网站、视频博主比电视、艺人更具影响力的状况。

看着短视频网站长大的人们眼中的明星是曾经拼命上传视频的早期视频博主，而看着电视长大的父母辈则更喜欢那个年代的艺人们。

也就是说，我们可以通过对现在的孩子们的娱乐方式进行观察，找出与自己同一时代人们的不同即可。

他们正在使用的新科技在下一个时代得到推广普及的可能性非常高。我上大学的时候恰逢SNS（Social Network Site，社交网）刚开始普及的时期。当时，在我们父母那一代人的眼里，社交网如同孩子们的玩具。他们无论如何也想不到 10 年后，SNS 会发展成为社会基础设施。

SNS 是我们从十几岁的时候就开始使用的、无法割舍的交流工具，看到成人们讨论 SNS 会不会流行的时候，总会感到不可思议。

如今，日本孩子们放学回家之后会和朋友们一起玩些什么呢？

我认为他们大都会玩以《Fortnite》《Apex Legends》为代表的开放世界类的在线战斗游戏。大家回到家中就会登录游戏，一边打游戏一边进行网上聊天。

年长的人们或许会认为游戏是一个人沉浸其中的娱乐方式，SNS 是与朋友交流的工具，游戏与 SNS 完全是不同的事物。然而，现在人们与别人一边交流一边打游戏是再自然不过的事，游戏与交流已经实现了完全的一体化。

我偶尔阅读一些面向年轻人的漫画时，看到过一段有意思的描写。十多岁的中学生、高中生一回到家中，就立刻佩戴好头盔、麦克风坐在计算机前。

中老年人看到这样的情景，会感到无法理解。不过平时阅读漫画的孩子们一下子就会明白"哦，一定是登录了《Fortnite》《Apex Legends》呀"。

人们在打游戏的时候，需要双手操作手柄。所以，他们必须佩戴头盔，在打游戏的过程中，采用不必用手操作的方式与朋友交流。

经常在三维虚拟空间中一边打游戏一边与朋友交流的孩子们正在慢慢长大，几年后，他们将步入社会开始工作。彼时，他们与玩 Instagram、抖音（TikTok）长大的人们给人的感觉会不同。想必各位也赞同这一点。

我认为元宇宙具有非常大的潜力。"孩子们已经很自然地参与到其中，而成人却无法理解"这一特征可以说是理由之一。这种情形与之前的 SNS、YouTube 完全相同。

现在的十多岁的孩子们未来长大成人为社会做贡献之时恰逢元宇宙功能全开之时，想必他们会向我们展示超出我们想象的使用方法吧。

打破期待与幻灭的循环

要想预测元宇宙的未来走向，我们需要了解下面这条关于科技的规律。

新科技是在"过度的期待"与"过度的失望"交织的状态下逐渐得到普及的。

因为某种契机，某种科技一旦受到多方面人士的关注，就会被赋予过高的期待。媒体也会标榜其为"无所不能的、梦幻般的技术"大肆展开宣传，于是投资家会投入巨资，创业者们也会怀揣加入淘金热潮般的梦想趋之若鹜。

AI 引起世人瞩目的契机是 DeepMind 的 Alpha Go（阿尔法围棋）击败了围棋的世界冠军。区块链引起人们关注的契机是比特币价格的暴涨给一些人带来了上亿日元的回报。此次，Facebook

将公司名称改为"Meta"，并决定对元宇宙项目投下1万亿日元资金，该举动令元宇宙被广为关注。

然而，这种过度的期待不会持续太久。那是因为，一项技术从实际在社会上得到应用到产生经济价值，需要花费相当长的时间。

可是，那些被煽动起来的人们常常期待马上就能看到成果和回报。然而事情常常事与愿违。

如果是一家上市企业，每个季度都需要公布业绩报表。怀着对新科技的期待而投入资金的人们一心想着在短期内看到成果，从中获利。这种期待会让经营者感到压力。

不过如同之前曾经指出的那样，这样的科技从实际应用到真正产生价值所需要的时间之长，远远超过人们的预期。有些投资人因为没有马上得到期待的结果而感到失望，进而撤资。于是，媒体就会渲染报道"投资××不会赚钱""××已经毫无发展"等消息。

如此一来，过度的期待就会消失，取而代之的是过度的失望。许多幻想一夜暴富的人就会撤资，从市场上消失。

在这种持续失望的"严冬时期"，只有一少部分人会留在市场上继续默默地打磨技术。一旦新科技得以应用并产生经济价值，这一小部分人将会垄断新科技所带来的利益。这种有关新科技发展的规律经久不变。

想必元宇宙的发展道路也是如此吧。我们可以认为2022年上半年就是人们对元宇宙"过度的期待"的时期。

半年乃至 1 年以后，伴随从事元宇宙项目的上市企业的决算报表的发布，投资家们就会因无利可图而心生焦虑，与此同时，在媒体上强调"元宇宙不赚钱""元宇宙已经衰败了"的报道也会越来越多。

再过 3 年至 5 年，那些默默无闻地持续对元宇宙项目进行投资的公司将会获得巨大的商业成果，如同当今的智能手机、AI 领域的巨头那样不断强化自己的地位。

科技的普及犹如以 150km/h 的高速驾车在崎岖的道路上行驶。每到转弯时车身就会剧烈晃动，就会有许多人从车上跌落下去，最终能够一直留在车上抵达终点的人只可能是少数。

那些投资了元宇宙项目的人们未来也必须经历许许多多的弯道，忍受车身的晃动。所以，我们必须通过冷静的分析认清现在是"过度的期待期"还是"过度的失望期"之后，再思考下一步应该采取的行动。

"一无所有"是最大的武器

包括元宇宙在内，每当新科技出现时，许多人或许会认为"最终还是拥有雄厚的资金实力和大量人才的大公司会垄断一切，个人、小企业不可能有机会"。

我本人也听说过"元宇宙这个东西，技术难度那么高，成功率那么低，煽动人们去挑战元宇宙简直是不负责任"。

这种说法也不完全正确。在瞬息万变的科技领域，对在资金、人才、信用等方面都具备优势的"赢家"未必就一定有利。恰恰是因为"一无所有"而取得成功的例子却很多。

这一点已经被计算机、互联网的发展历史所证明。在经营领域，人们常常会提及"创新陷阱"一词。

创新陷阱是克莱顿·克里斯坦森在20世纪90年代后期提出的理论，他在该理论中论述的是巨型企业是如何因为错过新商机而被新兴企业击败的机制。

对于巨型企业而言，由于已经拥有了能够创造出巨额利润的项目，所以对创业公司、个人从事的新项目、新科技并不是很感兴趣。此外，新项目、新科技有可能会与现有项目形成竞争进而造成企业内部的市场争夺，这些企业无法实实在在地投入力量。

互联网等技术的发展非常迅速，好技术一旦形成会在转瞬之间被推广普及全世界。结果，巨型企业出于已经拥有高利润项目，从而拒绝投入过多资产到新项目中，等到他们明白的时候，市场已经被创业企业所把持，自己已经无计可施。这种情况经常会发生。

在将近20年前的互联网黎明期，作为将各种网站的链接集于一身的门户网站，"雅虎"堪称是最具影响力的王者（严格来说，与雅虎日本并不是同一家企业）。

雅虎处于鼎盛期时，并不认为 Google 的搜索引擎会像今天这样成为网络的入口，只认为那是门户网站的一个功能而已。然而，伴随在世界范围内网站的不断增加，已经难以依靠用户自己手动进行网址输入，在用户中利用搜索引擎来搜索网站的做法逐渐占据主流。

当时的 Google 只是两名研究生创办的、员工仅有 200 人左右的创业企业。Google 将力量集中于准确、快速地向用户提供搜索结果的研发中，不断向各家门户网站提供技术。

后来，雅虎也将 Google 的技术导入自家的门户网站中，一时间在背后支持雅虎搜索的竟是 Google 的技术。待到雅虎意识到搜索引擎的重要性时，Google 已经达到了无法追赶的水平。或许可以说，雅虎遭遇了"恩将仇报"的窘境。

之后，雅虎的搜索量被 Google 和 Facebook 超越，2017 年该公司被威瑞森通信公司收购。雅虎鼎盛期时市值可达 13 万亿日元，被收购时的金额只有 5000 亿日元左右。

作为一度坐拥全世界最多的用户、雄厚的资金、世界顶尖人才的赢家都会因为无法顺应时代的变化，而被两名研究生创办的 Google 这个"一无所有者"掀翻。

在瞬息万变的今天，在资金、人才、信用等方面拥有丰富的资源却无法构建优势地位，恰恰是这些资源阻碍了企业做出正确决策的案例比比皆是。

听了我的讲述，或许有人会认为雅虎的经营方都是无能之辈，而 Google 的创业者都是天才。问题远没有这么简单。我认为在当时雅虎的经营人员中，能够正确看清形势的人还是不少的。

接下来，请各位听一听我个人的痛苦经历吧。

从失败中学习决策的难度

我担任上市企业的总经理时，曾经在虚拟货币、区块链等新科技领域进行过积极的投资。

如今，比特币、区块链已经享誉世界，得到了人们广泛的认可。然而在21世纪10年代前期至中期，人们认为那些都是骗人的东西，实际上当时从事相关工作的人当中有一半左右确实很像骗子。

不过在当时，我认为不论从概念的角度还是从技术的角度来看，支持比特币的区块链技术都是具有革命性的，区块链技术的普及有可能会带来打破现有秩序的具有破坏性的革新。在21世纪初互联网泡沫时期开始从事网络工作的人们，从区块链技术中感受到了不亚于互联网诞生时的巨大冲击。

当时完全是偶然，我遇到了收购现在已是日本国内最大的虚拟货币交易所的机会。彼时，那家交易所的规模还非常小，月营业额只有1000万日元左右。我考虑收购这家交易所，以此为契机全力进军这个领域。

然而，在上市企业中，总经理并不是想做什么就可以做什么的，必须通过董事会的表决，必须倾听外部监事法人、律师等各种相关人士的意见并达成一致才可以。此外，我们还需要向外部数以千计、数以万计的股东做解释以取得他们的同意。

当时的虚拟货币并不适合社会上已有的框架，即使是会计、法律专家都会质疑"这是什么""它的运行机制是什么""从法律上如何界定""在会计、税务上如何处理"。总之,当时对于这些质疑,我们找不到答案。反过来说,虚拟货币、区块链技术是用已有的概念无法进行衡量的全新事物。

我虽然感受到了区块链技术的潜力和魅力,但是要想说服相关人员需要花费太多的费用和精力。作为一家上市企业,如果参与会计、法律所不及的领域,难以履行对外解释的责任。因为存在这样的制约因素,我们放弃了收购计划。

那以后发生的事想必各位都很清楚。虚拟货币一举成为世人关注的焦点,那家企业也在短时间内快速发展成为日本最大的交易所。

那时,我一直怀着痛苦的心情关注着这家企业的成长。虽然我最早意识到这项技术或将成功,却因为受到上市企业的制约而无法做出决策,眼睁睁地看着机会从眼前溜走。

随着企业规模的扩大,在资金、人才、信用等方面所拥有的实力有时却会成为企业的枷锁,令企业陷入无法捕捉新机会的困境。这一次我是切身体会到了这一点。

以前,我天真地认为只要我自己能够对未来做出正确的预测就足够了,并没有意识到要想执行正确的决策就必须要有正确的"体制"。这一次我通过自己的亲身经历感悟到了雅虎遭遇失败的本质原因。

从那以后,我还是犯了多次类似的错误。在放弃交易所收购项目之后,我们决定做自己的产品,作为子公司的一个新项目,构建了日本国内第一个 NFT（Non-Fungible Token，非同质化代币）交易平台。

当时是 2019 年，NFT 可以说是无人问津，这与现在的火热状况相比，可以说是天差地别。加之彼时虚拟货币的市场也处于"严冬时期"，大多数人对于 NFT 能否发展都持怀疑的态度。尽管如此，事业部的员工们还是在努力改进产品，在最为恶劣的市场环境中痛苦地度过无法做出业绩的每一天。

在一次董事会上，人们提出了"再坚持半年吧，如果还是没有业绩我们是否就叫停或者卖掉这个项目？""相比现有的业务，NFT 的市场是不是太小了？""我们已经坚持 1 年了，已经足够了吧？"之类的意见。

年轻的董事们虽然非常看好这个市场的潜力，但苦于眼前糟糕的业绩，根本无法提出反对意见，只能无奈地保持沉默。

最终，我们没有给这个项目投入更多的资金，而是将它卖给了别的公司。

从 2021 年开始，NFT 市场在世界范围内急剧扩大。到 2022 年时，这个领域最大的企业——"OpenSea"的市值已经超过 1 万亿日元。

新科技常常在某种契机的作用下突然爆发，转瞬之间在世界范围内得到普及。而大企业的经营风格则是重视可预期的发展。所以大企业和新科技之间的缘分总是非常差。通过这件事，我再一次切身感受到了这一点。

在收购交易所的时候，我领悟到新科技是不适用现有的社会常识和框架的；在 NFT 项目中，我领悟到我们必须耐心等待新科技会突然开始普及的时机的到来。也就是说，即使做出了正确的预测，也需要一个能够执行这种预测的"体制"，企业规模越大，这种"体制"就越难以维持。

从雅虎和我的经历可以看出，在众多情况下，拥有资金和人才的大企业完全不占优势，在新科技领域反而处于被动。

对于个人、小型创业企业而言，需要达成一致意见的相关人员非常少，遇到机会的时候，马上就可以进行尝试。实际上，对于一项新科技来说，谁也不知道正确答案是什么，所以从最小规模开始启动，高频率地进行试错是必不可少的。

置身于一个大的组织中，人们是有汇报义务的，既难以突然改变方向，也难以快速进行各种各样的尝试。

也就是说，在早期的试错阶段资金实力的差距并不会产生什么影响，受到的制约比较少、能够快速采取各种行动的一方会占据优势。

如今，元宇宙市场正处于黎明期，相比"市场赢家"，"一无所有者"更占据优势，个人、小型创业企业完全不必有悲观情绪。

在经历了两次失败之后，我辞去上市企业的法人代表，痛定思痛，决定自己从零开始启动我的元宇宙项目。

早在孩提时代我就有打造像《黑客帝国》那样的未来世界的梦想。我曾思考通过开发 AI，借助卫星复制出一个新的地球、一个与现实世界别无二致的虚拟世界。我下决心将这个想法变为现实。

2020 年的时候，没有人使用"元宇宙"一词，人们只是使用 VR、XR、3DCG 等单词谈论类似的概念而已。

从 3DCG 技术的进步、5G 与 6G 等通信环境的提升、《Fortnite》等的流行、VR 终端设备的进步来看，我感觉今后科技的主战场肯定就是这个领域。这次我决定相信自己的这种感觉。

我再也不想重蹈覆辙，于是我决定构建一个无须对任何人进行说明、无须取得任何人的许可的体制，那就是仅凭我一个人的力量启动新项目。

在最初的 1 年半时间里，我经常被别人说"现在还做《第二人生》那一类的东西有什么前途呀？"。每次对 IT 行业的熟人讲述我的项目时，他们或是张着嘴发呆，看着我一语不发，或是流露出苦笑。

然而，我真实感受到了 3DCG 技术的进步，我坚信只要耐心等待，机会必然会到来。到了 2021 年下半年，形势终于发生了变化。

2021 年秋天，Facebook 将公司名称改为"Meta"，并正式宣布全面进军元宇宙市场。一时间在科技领域里，人人都开始谈论元宇宙。从此，我的事业开始看到希望了，也得到了执笔这本书的机会。

我想象如果自己还是在原来供职的那家上市企业中，即使启动了这个元宇宙项目，也不会持续投资将近两年的时间，想必在元宇宙大潮到来之前就已经通过撤资、转让等方式将它处理掉了。恰恰是因为我脱离了大企业的框架，单枪匹马地做这个项目，这个项目才得以继续下来。

不熟悉的人们曾经对我说"您真是太有先见之明啦""出于个人爱好能做到这一步，您真幸运啊"。然而，我真实的心情是，我已经经历过多次同样的失败，这一次终于做对了。

堀江贵文先生令人惊异的预见性与洞察力

针对元宇宙领域，有一个人的预见性实在是令人惊异。他就是门户网站——活力门（Livedoor）原总经理、从事太空火箭制造的"星际科技"（Interstellar Technologies）的创业者——堀江贵文先生。

大约在我写这本书的两年前，元宇宙一词还很少被人使用。当时，我学习了 3DCG 技术，尝试在虚拟空间中生成与现实世界完全一样的城市，将视频上传到 SNS 平台上。

大多数的经营者、投资家对于我做的事情都会质疑"那也能赚钱"，表现出一副毫无兴趣的样子。IT 行业的熟人也大多会说"你做的事情好像很有趣，但是我听不懂你要表达的意思，也无法想象你做的事情能产生什么效果"。当时针对技术是否有趣，是否有潜力的问题，我完全找不到一个可以一起认真讨论的人。彼时，我认为时机稍微有些早，可以利用现有的时间尽可能地提升技术水平。

我将虚拟空间的视频上传到网上时，第一位表示有兴趣并与我取得联系的是堀江贵文先生。

当时，对于元宇宙的工作原理是什么、存在怎样的难题、未来可以应用到哪些行业等问题，他完全能够理解。这一点令我震惊不已，所以对于当时的情形至今记忆犹新。

经营者、投资家对那些不挣钱的新科技不会有兴趣，具有匠人气质的工程师、创作者出于自己的爱好钻研新科技，但对其市场潜力没有兴趣。在我早期曾经有过交流的人里，能够正确理解元宇宙领域的技术本质与潜力的人只有堀江贵文先生。

因为这属于我的专业领域，所以我比较熟悉也是再自然不过的事。根本就不是3DCG、VR专家的堀江贵文先生仅通过对外表的观察就能够看透其本质与潜力，并能够围绕其在其他行业应用的可能性与我展开讨论，实在令我惊叹不已。我再一次认识到"这个人果然不是一般人呀"。

更加令我震惊的是，我们对于未来可以将3DCG、VR等支撑元宇宙的技术应用于卫星数据、月球开发等太空产业的看法竟然不谋而合。

我经常对别人说太空开发与元宇宙马上就会融为一体。现在我向别人讲这样的话的时候，得到的反应大多和两年前一样。如果您是一位既精通元宇宙又精通太空开发的人士，就会明白从技术角度看，二者是极为"投缘"的。在对宇宙、深海那样的人类无法轻易到达的领域进行研究时，事先需要反复进行三维模拟。因此，太空开发技术与虚拟空间技术之间具有密不可分的关系。然而，在连接二者的领域里，还没有出现元宇宙那样易懂的流行语。

从这个角度来看，堀江贵文先生和在本书中曾介绍过的尼古拉·特斯拉一样，是一位洞察未来过于超前的天才。

作为国家战略的元宇宙

最后，我想抛开元宇宙大潮可能会给个人带来的影响不谈，谈一谈如果将元宇宙纳入国家战略会有怎样的前景。

个人如果认为元宇宙是"无聊的东西""小孩子的玩具"而低估了其潜力，那也没有什么大不了的。对于个人而言，只是失去一次机会而已。

但是，如果一个国家低估了元宇宙等新科技的潜力，所造成的影响就是巨大的。

届时，整个产业会被其他国家抢占先机，重要人才也会流向海外，企业会被低价出售，工资也会停止上涨，经济发展会陷入停滞，日本在发达国家中的影响力也会不断下降。

日本国家战略会对现在的1亿多日本国民、未来出生的数以千万计的孩子们的人生产生重大影响，我们必须认真地加以思考。

20年前，日本在互联网领域就已经遭遇过这样的失败。通过家电、汽车等硬件制造做大做强的日本，低估了互联网等新科技的价值。

21世纪初，在"制造大国日本"，只有制造有形的产品才被视为"实业"，产出无形的软件、内容的互联网被视为"虚业"（直至今日依然有许多日本的老年人喜欢使用这种说法）。人们普遍认为"虚业"非但不应该促进发展，反而应被限制发展。

从那以后，日本的家电厂商在与中国、韩国的廉价、高品质的新兴厂商的竞争中被击败，占有的国际市场份额不断缩水。如今，在脱碳、发展电动汽车的世界大潮之中，日本的汽车厂商也同样面临着抉择。

美国、中国在很早的时候就敏锐地洞察到互联网将成为世界产业的中心，从国家层面早已着手相关的扶持、管理工作。

21世纪10年代前后，在制造领域开始陷入困境的日本终于意识到互联网产业的重要性。彼时，GAFA、BAT（中国三大IT企业Baidu、Alibaba、Tencent的英语首字母）等跨国IT企业已经占据全球市场。日本则错失了良机。日本从国家层面低估了作为新科技的互联网的发展潜力，在之后的10年间也没能孕育出新的产业，国际影响力持续下滑。

如果继续这样下去，在元宇宙领域，日本也有重蹈覆辙的危险。对于这一点，我有强烈的危机感。不过，这次，关于元宇宙，日本可以说是具有压倒性的"地利"优势的。实际上，日本处在极为有利的位置上。

作为"内容大国"的日本的优势

日本是一个漫画、动画片、游戏等项目的"内容大国"，这就是日本的优势所在。

在当今的世界上，像日本这样人们平时阅读漫画、观看动画片、付费玩游戏的国家非常少见。

日本制作的产品被出口到海外，受到广泛的欢迎。这可以说是日本可以引以为豪的为数不多的产业。

说到漫画，日本的《龙珠》《火影忍者》《海贼王》很早以前就曾风靡中国、东南亚等地区，最近剧场版《鬼灭之刃》在美国也大受欢迎，取得全美票房第一的佳绩。

作为电影，吉卜力的作品——《你的名字》也极受人们欢迎。而游戏方面，《马里奥》《宠物小精灵》具有世界级的知名度，在各国都有狂热的粉丝。《最终幻想》《王国之心》的粉丝甚至跨越了各个年龄段。

任天堂、PS 的制造商——SONY 也是世界上最著名的日本企业。

元宇宙的入口就是游戏，关于这一点，我会在后面的章节中做详细讲述。人们能够从零开始制作这样的内容是具有非常强大的优势的。

日本在"人才、知识产权、文化"等三个方面具有其他国家无可比拟的优势。

从"人才"角度来看，在世界范围内，拥有如此众多的热衷于漫画、游戏、视频制作的人才的国家非常罕见。手冢治虫等伟大的漫画家成为了许多孩子的榜样，他们从小立志要用自己的双手制作出能够震撼人心的作品，于是催生了《海贼王》《火影忍者》等众多的备受人们喜爱的佳作。

在游戏方面，那些深受《马里奥》《勇者斗恶龙》影响的孩子长大成人以后创作出了《智龙迷城》《怪物弹珠》等游戏作品。如此，在社会上就形成了一种良性循环。伴随优秀创作者的出现，在游戏行业里各种秘诀也不断沉淀下来。

从"知识产权"的角度来看，日本也是占据优势的。知识产权就是出版物的版权。日本拥有《马里奥》《宠物小精灵》《海贼王》这些享誉全球作品的知识产权，未来完全可以在相关产品、电影等其他商业领域大显身手。

如果将这些享誉世界的内容引入元宇宙中创建虚拟空间，我们一下子就可以提高获得用户、取得成功的概率。

最后必须说的是日本在"文化"方面的优势。日本人具有愿意付费享用内容的国民性，这一点似乎没有太引起人们的关注。

在智能手机游戏领域，日本平均每位用户的付费金额雄踞世界第一。日本人有付费阅读漫画等内容的习惯。在元宇宙中对于付费购买分身、数字装备，日本人是欣然接受的。

自己国家的用户具有全世界最强的付费享受内容的国民性，对于创作人员来说没有比这更幸福的事了。

可以这样说，在日本，打造元宇宙商务的基础已经奠定了。

唯有元宇宙能够促成日本经济的复兴

或许有人认为除了元宇宙，还有许多的新兴产业。现实是在其他产业中，我们能够发挥现有优势的领域少之又少，如果不重视元宇宙的发展，在这个领域日本与其他国家的差距就会达到令人绝望的程度。

继互联网之后，备受瞩目的产业是宇宙产业（太空产业）。对于这个产业而言，拥有庞大军事预算的美国、中国等国具有优势。

未来，宇宙很可能会变为战场，届时，人们需要倾举国之力投资火箭、卫星等领域，去争夺制"宇"权而不是制空权。当然，政府、军队会向民间企业发出采购订单，产业会无比繁荣。

此外，在量子计算机那样的下一代计算机领域，Google、IBM等巨型科技企业倾注了巨额预算用于开发研究，在这个领域，日美之间的差距正在进一步扩大。

跨国IT企业在这个领域的研究预算要比其他国家的预算多得多。工程师、研究人员等人才储备的水平也是无可比拟的。

在太空开发、量子计算机等下一代产业中，日本从起点就处于不利位置。纵观全局，日本能够发挥"内容大国"这一优势的新产业领域只有元宇宙了。

日本整体的发展停滞趋势已经日渐明显，我认为元宇宙是一个能令已经长期沉寂的日本再一次展示自己存在感的新产业。

因此，在日本，如果那些负责决定国家的新产业扶持政策的官员、政治家怀着"这不就是《第二人生》吗""充其量是个游戏而已吧"之类的态度看待元宇宙，20年前日本曾经在互联网行业遭受的失败就会重演。

作为个人，如果低估了新技术的潜力，充其量会给自己、自己孩子的人生造成损失，但是作为一个国家，如果低估了新技术的潜力，那可是要给未来出生的几千万人带来损失的。

现在的二十多岁、三十多岁的人群就是可能蒙受损失的人群。今后，为了避免下一代人承受同样的负担，我们必须认真地应对新技术。不过不得不说，互联网问世时那些年长人群的反应与元宇宙出现后成人们的反应令人产生一种"似曾相识"的感觉。

被元宇宙产业抛弃的最惨结局

假设这次日本再次错过了机会，其后果是可以预料到的。

目前，相比于其他国家，在日本从事科技开发、创作的专业人员的工资相当低。企业的价值也相对较低。

想必在中国、美国的科技企业的眼中，掌握制作内容的秘诀、拥有动漫人物等知识产权、极具投资价值的日本公司相当多，简直就是个宝藏。

如果我是中国、美国的科技公司、投资基金的总裁，一定会去低价收购日本的影像制作公司、游戏公司、出版社等拥有内容知识产权、创作人员的公司的。

因为这样做，可以通过与自己国家的元宇宙技术相结合将公司的价值提高几十倍、几百倍。对日本而言，想必各种知识产权、人才的外流对于未来的日本会造成非常大的损失。

然而，我们不得不承认这种情况现在正在发生。中国、美国在元宇宙、太空开发等这些"继互联网之后的新技术领域"正不断投入巨资。我在开篇的时候就提到过，目前有多家公司每年的投资额都已达几万亿日元。

在日本，如果人们的认知仍然止步于"这不就是《第二人生》吗""什么呀？不就是游戏吗"的水平，未来元宇宙领域就会被其他国家所垄断，日本就会丧失有发展前途的产业。如今，极少有人能够洞察到这一点。如果把现在的形势比作下棋，日本距离被对方将死只差一步了。

想当年，互联网问世时，人们就采取了这样的态度。彼时，在日本国内，人们热议的课题是如何监管网络，没有将互联网作为一个巨大产业进行扶植。

作为结果，成立不足20年的被称为"GAFA"的四大科技企业的市值总和已经超过了日本国内所有上市企业的市值之和。

这一次，日本在"人才、知识产权、文化"等各个方面均处于优势地位。虽然占据如此的优势，却依然重蹈互联网的覆辙，将自己国家的产业拱手让给其他国家，那真的是令人绝望。明明有价值的东西就在眼前，我们却认识不到它的价值，这真是明珠暗投。

那些在总人口中占比为1%的顶尖人才并不介意为哪个国家服务。这些人就是接受过精英教育的创业家、投资银行家、咨询师、有才能的创作人员。

然而，剩下99%的人们并不是这样的。他们个人的富裕程度与国家的发展战略息息相关。

作为个人的生存战略，锻炼自己的创造能力，在社会上寻求机会具有重要意义。作为国家的生存战略，如何发现优秀人才、知识产权、文化的重要性并加以保护，提供支持会决定国家的未来走向。

对于面临人口的急剧减少与经济规模萎缩问题的日本来说，我认为元宇宙是"最后的机会"。

那些拿到这部书才第一次听说"元宇宙"这一流行语的读者，应该从什么事情做起呢？

这本书不是为活跃于创业领域的创业家、刚入门的创业者所写的，也不是一本只有拥有专业知识的人士才能读懂的学术书籍。

在这本书中，我想通过对元宇宙的"发展历程"与"构建方法"的讲述，让广大读者关注世界的普遍规律并加深对这些规律的理解。

了解元宇宙就是了解世界。

那么，从下一页开始，让我们正式开始在元宇宙中探险吧。

佐藤航阳

2022 年 3 月

第一章 元宇宙给人类带来的冲击

上帝死了。
——弗里德里希·尼采

"先生，$(a+b^n)/n=x$，因此上帝存在；这是回答！"
——莱昂哈德·欧拉

人类的终极之问

世界的真理是什么？人类历史上被称为"天才"的智慧先驱们为了解答这个问题，倾注了毕生的精力。他们或是数学家，或是物理学家，或是音乐家，又或是艺术家。

艾萨克·牛顿（1643—1727 年，英国数学家、物理学家、天文学家）发明了微分、积分方法，并提出了万有引力定律。阿尔伯特·爱因斯坦（1879—1955 年，犹太裔德国物理学家）提出了"$E=mc^2$"的相对论，他试图用自己的方法揭示世界的真理。

戈特弗里德·威廉·莱布尼茨（1646—1716 年，德国哲学家、数学家）为了探求世界的共同规律，创立了名为"普遍科学"的学科。

莱布尼茨认为，世界乃至宇宙中所有的物质与非物质都是由单子构成的。单子可分为"裸单子""灵魂单子""精神单子"三类，这三类单子彼此互不影响。尽管如此世界依旧成立，那完全是上帝进行了"预定调和"的结果。

虽然这样的思想已经发展成为"普遍科学理论"，但是一直以来世人都无法理解他的这种思想。即使到了今天，我拜读他的思想时，依然会因为过于难以理解而止步于似懂非懂的状态。"我终于明白啦！这就是世界的运行机制呀！"想必莱布尼茨曾在自己的内心里这样大声呼喊过吧。

过去，我与研究人员、企业家交谈时，他们中的一些人会说"我想了解这个世界的真理。这个世界是如何构成的，如何运行的？如果得不到这些问题的答案我会死不瞑目的"。

过去，这些具有强烈好奇心的人们，通过掌握科技与规律推动了社会的进步，为世界带来了重大影响。如今，这些人终于推出了元宇宙的概念，开始致力于创造另一个新世界。

元宇宙就是创造世界。

然而，要想创造新世界，我们必须把握"世界到底是什么，世界是如何运行的"之类有关自然、人类、历史的普遍规律。

我们通过对规律的把握，就可以达到过去的伟人们所追求的目标。

如果我们只是停留在"了解信息"的层面上，那就不能说我们对于元宇宙已经有了深刻理解。我们需要在了解元宇宙的有关信息、体验元宇宙的奥秘的基础上，自觉参与元宇宙的创造。到了这一步，我们才有可能触及"世界的真理"。

科技的价值在于实现既得利益的民主化

归根结底，科技的价值在于"实现被一部分特权阶级所垄断的能力的民主化"。

直至 20 世纪 80 年代，信息流通渠道都被电视台、广播电台和一部分出版社所把持。所以，传媒被称为与立法权、行政权、司法权并列的"第四种权力"。

从 20 世纪 90 年代中期至 21 世纪初，全球爆发了信息革命。受此影响，信息流通得以向全人类开放。任何人都可以自由地发送信息，自由地接收从世界的各个角落发来的信息。伴随互联网的问世，人类实现了信息民主化。

过去，只有专业记者才有能力向全世界发布信息。如今已经不是这样了。人们手上只要有一部智能手机，就可以对眼前发生的事件进行拍摄，将视频信息、文本信息向外界直播。CNN（美国有线电视新闻网）、BBC（英国广播公司）、NHK（日本广播协会）播放无名的普通市民使用智能手机拍摄的"独家视频"已是家常便饭。这种情况在以前是难以想象的。

稍早的时候，仅限于一部分投资家、创业家才有筹措资金的能力。如今，伴随 MotionGallery、CAMPFIRE 等平台的出现，任何人在任何时候都可以通过众筹方式筹措资金，这可以被视为"金融的民主化"。

被人们尊称为"行走的字典""行走的百科事典"的搜索引擎的问世使那些为数不多的知识渊博人士失去了存在感，为民众带来了"知识的民主化"。

此外，比特币等虚拟货币的出现为民众带来的是"金钱的民主化"。

科技是"对抗命运的武器"

人类社会是由经济、感情、科技等三个向量构成的。

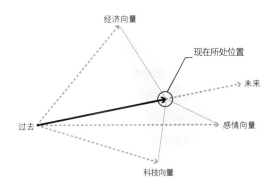

如果在构建社会时，缺乏"能够赚钱"这个经济层面的因素，人们就会失去热情。

反之，如果在构建社会时，人们只为了赚钱，那也是无法长期坚持下去的。

人们如果不寄托"自己也想为社会为他人做贡献""奋斗会带

来快乐与震撼"之类的情感，那么是难以全神贯注地投入其中的。

经济发展促进社会的发展，感情构成维系各种规模不同的共同体的纽带，科技发展带来社会进步。

我是在日本的福岛县只有母亲陪伴的单亲家庭中长大的。家庭年收入在 100 万至 150 万日元之间。虽说我所处的城市是一个物价水平较低的地方城市，但我家也属于贫困家庭。

因为家庭过于贫穷，18 岁之前我完全没有使用过计算机。2006 年在早稻田大学法学系入学时，我几乎是全校唯一一个不会发电子邮件的学生。当时，我还曾向周围同年级的同学请教"发送电子邮件的方法"，包括键盘的输入方式、鼠标的单击操作等。

彼时，我认为相比于在大学学习，自己创业才是通向成功的捷径。于是，我在上大学一年级的时候，提交了休学申请，开办了互联网公司。从那以后，我受到上天的眷顾，在全世界展开业务，实现了公司上市，出版的书籍成为了畅销书，并且启动了太空开发项目。

我有幸与电脑、互联网相遇，掌握了连接世界的技术，通过努力终于过上了稳定的生活。二十来岁的时候，如果没有偶然把握住科技的机会，想必令人绝望的人生还在继续。

即使没有人脉、经验、背景、知名度、金钱，只要拥有科技就能与世界相连。

正是因为有了互联网，我才在这个世界上找到了自己活下去的意义。

提及我的家庭环境，各种条件都完全不占优势。然而，托新科技的福，我才有机会参与竞争。

所以，即使您现在的生活环境不尽如人意，也绝对没有必要感到绝望。

因为借助科技的力量就可以开启我们人生的航海旅程。

元宇宙是"神力民主化"的产物

元宇宙这一科技促成了什么民主化，将什么交到了人们手中？

回答是"神力"。

基督教、犹太教、伊斯兰教等世界级宗教信奉"世界是由神创造的"这一信条已有上千年的历史了。

元宇宙所创建的"另一个世界"不是由神创造的。创造元宇宙的是人类。

原本只有神才具有创造世界的能力，如今这种"神力"被赋予了世人。这正是元宇宙的创新之处。

也就是说，元宇宙是在创造世界领域的"神力民主化"的产物。

无论从技术的角度、学问的角度，还是宗教的角度，元宇宙为世界带来的变化必定是具有"革命性"的剧烈变化。

在微软公司（Microsoft）的办公软件——PowerPoint问世以前，对人们而言，在会议上做演示一直是一件痛苦的工作。

当时人们只能将图表绘制在被称为"OHP膜"的透明薄膜上，

使用外形类似激光打印机的投影仪将画面投放到大屏幕上。

由于无法自动更换薄膜，助手只能在接到"进入下一页"的指令后，手动更换薄膜。如今回想起来，使用这种方法，无论物质成本还是人力成本都非常高。

1995年微软公司发售Windows 95之后，PowerPoint与Word、Excel一起迅速得到普及。人们从以往的手绘图形、表格，一页一页加以汇总的辛苦工作中瞬间得到解放。

任何人都可以使用二维图像面向广大听众进行通俗易懂的演示，而且成本几乎为零。这正是科技带来的革命。

构建元宇宙的世界观不是PowerPoint资料那样的二维静止图像，而是有深度的三维结构，因此其对世界的看法是完全不同的。

对于长期以来一直仅通过文字进行交流的人们而言，刚接触到二维图像时会产生"这是什么呀"的困惑。虽然使用二维图像可以便于人们直观地理解，但是，他们想象不出自己应该怎样看待二维图像。

想必初次接触元宇宙的人也会感到困惑吧。人们使用三维的信息空间来传递以往使用二维的信息空间传递的信息。要想让人们适应这样的变化，或许需要10年左右的时间。

不过，想必如同现在的PowerPoint一样，终将有一天元宇宙会融入我们的生活中，成为我们生活中不可或缺的一部分。

巨型 IT 企业的新主战场

即使从商业角度观察，一场重大变革也正在兴起。

时任 Facebook CEO 的马克·扎克伯格从 2021 年 7 月开始经常提及"元宇宙"一词。

同年 10 月 28 日，他将自己公司更名为"Meta"，在全世界引起轰动。他仅在 2021 年就向元宇宙项目投资 100 亿美元（约合 1.1 万亿日元），并宣布在之后的 10 年间向该项目投入共计 10 万亿日元的庞大计划。马克·扎克伯格的这些行动告诉我们要想通过元宇宙称霸世界，就需要花费大量的时间和资金。

2021 年 9 月，Facebook 的前员工将超过 6000 页的内部文件在媒体上公开，引起轩然大波。Facebook 对用户个人信息处理不当的内幕被公之于世，广告收入骤减。

Facebook 并没有采取安抚用户的措施，甚至还出现怠工行为。一时间 Facebook 成为整个社会批判的对象，马克·扎克伯格甚至被美国议会传唤举办了听证会。

接下来，Facebook 的 WhatsApp、Instagram 收购计划涉嫌违反反垄断法而被美国联邦贸易委员会起诉。

曾经在 IT 行业叱咤风云的扎克伯格因为涉嫌侵害个人隐私、违反反垄断法等问题，遭到整个美国社会的谴责。于是，马克·扎克伯格抱着必死的决心将公司的命运全部赌在了元宇宙上。

同样抱着必死决心的不只 Facebook。迪士尼以及一直以来与迪士尼展开激烈竞争的中国腾讯也是如此。如今，中国、美国的巨型IT企业都有这样的共同认识——"智能手机、社交媒体下一步的重大创新领域是元宇宙"。

人们已经向元宇宙领域投入了几万亿日元的巨额资金。未来，元宇宙的市场规模将达到数十万亿日元是毋庸置疑的。

以往，游客需要特意到访浦安、加利福尼亚、佛罗里达、巴黎、香港、上海的迪士尼乐园，购买门票之后再进园娱乐。但是，由于空间有限，东京迪士尼乐园每天能够接待的游客只有4万人。

然而，如果人们在元宇宙的世界中构建虚拟迪士尼乐园，就可以克服空间上的制约。几亿人都可以登录，还无须在游戏项目前排上几个小时的长队。

人们可以不断扩大虚拟空间面积，无限增加游戏项目的种类。

想必《复仇者联盟》《蜘蛛侠》《绿巨人》等漫威漫画公司（以下简称"漫威"）出品的热门电影也会在元宇宙游乐园中得到演绎。未来人类或许将告别坐在座椅上观看二维电影的时代。

我们自己可以作为电影的主人公去探险，也可以作为群众演员中的一员参与到漫威电影之中。一个集电影、游戏、活动为一体的娱乐产业即将诞生。

迪士尼、漫威、任天堂都已经创造出了享誉世界的卡通人物。在元宇宙领域，这些公司是绝对的强者。想必这些公司已经紧锣密鼓地开始了各种准备工作。

元宇宙不会重蹈《第二人生》的覆辙。元宇宙热潮不是短暂的泡沫，而是全世界的巨型企业都必然投身于其中的时代主流。

针对元宇宙的三个误解

现在，有些人对元宇宙抱着嘲讽的态度。

现在是 2022 年 1 月，在当今的日本社会上，人们对于元宇宙有三种误解。

第一种误解是"在没有内容的情况下构建出元宇宙会遭遇失败"。

那些被《第二人生》吸引而开设了账号，后来发现无事可做而悻悻而回的人们，基于这样的回忆阴影便也会认为"元宇宙是会步《第二人生》的后尘的"。

第二种误解是人们认为"以前不就已经有了《FF（最终幻想）》吗？只是重新取了个名字而已，不过只是个社交游戏，是厂家赚钱的工具。这种东西真无聊"。

第三种误解是人们认为"头戴 VR 终端设备瞎溜达，又沉又累，很难会流行起来的"。人们使用 VR 终端设备大多获取的是视觉信息、听觉信息，或许有些人会担心连续使用 30 分钟是否会产生眩晕。

不知各位是否还记得在 mixi、Facebook 问世时日本的中老年人群的反应。当时，他们批评道："这和 DIALQ2 是一丘之貉呀。"

如今的年轻人或许不知道"DIALQ2"是什么。从 20 世纪 80 年代末期到 90 年代初期，NTT（日本电报电话公司）开设了以

"0990"开头的付费电话号码。人们拨打这样的号码，就可以联系电话俱乐部，享受交友服务、与偶像见面的服务。

当然，或许一些不守规矩的人会将mixi、Facebook作为交友、搭讪的场所加以利用。在99.99%以上的人群的心目中，mixi、Facebook的定位是新型交流工具。

产生第一种、第二种误解的主要原因在于人们对"游戏"的认识的不同。面对新生事物，人们往往会牵强地将其与已经存在的某种事物做对比，这样做容易从本质上对新生事物产生误解。

产生第三种误解的原因在于人们存在"只要VR终端设备不普及，元宇宙就不会普及"之类的认识。元宇宙的本质是"互联网所处理内容从二维向三维的进步"，所以即使VR终端设备的普及滞后，也不会有什么问题。有关这一点，我在后面还会阐述。

此外，对于VR终端设备沉重、使用不便等问题，人们也可以通过习惯使用设备、技术革新等方法进行克服。

或许有人认为"在头上佩戴VR终端设备很麻烦"，但是对于那些从三四岁开始就习惯于佩戴VR终端设备的人们而言，完全没有任何不适感。

在过去的人们的眼中，"低头操作智能手机""两眼紧盯着小小的屏幕，手指在屏幕上不停地滑动""几个小时一动不动地坐在计算机前面""头上戴着头戴式耳机"等毫无例外都属于不自然的行为。

然而，肩负未来世界使命的年轻人对于这样的行为方式不会产生任何不适感。对于年轻人而言，与生俱来的智能手机、计算机已经成了他们身体的一部分。

过于超前的《第二人生》的功罪

在本书之前的章节中，我曾提及2003年美国林登实验室发布的《第二人生》。

2005年《第二人生》风靡世界，吸引全世界的企业参与其中，成为整个社会关注的焦点。作为日本企业，丰田汽车、日产汽车也曾参与其中，在虚拟空间设置了汽车自动贩卖机。

然而，当时人们如果不使用高性能的个人电脑、快速通信手段登录的话，就会遭遇分身动作缓慢、死机等问题。众多用户同时登录时，《第二人生》整体的运行就会变得缓慢不堪。

《第二人生》的问世过于超前了。由于当时基础设施尚未构建完好，《第二人生》遭遇了失败。

但是，我认为仅仅是因为这样，就得出"《第二人生》是一个失败案例"的结论不免有些轻率。

之后，《第二人生》发布了"林登币"。"林登币"是一种虚拟货币。

在《第二人生》中通用的"林登币"采用的不是固定汇率制而是变动汇率制。有趣的是，人们在《第二人生》中可以将"林登币"与真正的美元进行兑换。在《第二人生》中，人们通过这种货币化的服务可以赚钱。

在《第二人生》中，用户可以自行设计住宅、服装，然后将其出售给其他人。根据《第二人生》的机制，人们设计的 3D 财产的著作权也会得到保护，人们还可以根据销售额自动获得报酬。这项科技就是数年后问世的区块链、NFT 的原型。

假设林登实验室不是在 2003 年而是在现在发布《第二人生》，想必元宇宙行业会更快地席卷世界。如果《第二人生》晚问世 20 年，一定能够创造出巨额财富吧。

恰恰是有了《第二人生》这个反面教材，《Fortnite》《Apex Legends》等三维服务避免了重蹈覆辙的命运。

如今，终端设备的性能、通信速度已经达到了 20 年前无可比拟的水平。科技环境已经发生巨变，所以我认为不要再发出"元宇宙是在走《第二人生》的老路"之类的嘲讽吧。

革命的本质在于互联网的三维化

元宇宙革命不只是 VR 技术的革命。

元宇宙革命是由计算机性能、通信速度、3DCG 技术等三方面的进步共同催生的"互联网三维化"的革命。

鉴于"VR""3DCG""元宇宙"等术语的含义比较复杂，在这里，我想对这些术语的含义稍加整理。

"VR"是"Virtual Reality"（虚拟现实）的略称。人们在行业内、媒体上使用这个词语时，它的含义是指使用佩戴在头上的护目镜型的终端设备所看到的三维虚拟空间。

人们佩戴护目镜型的终端设备时,有无"沉浸式体验"是重点。针对内容,人们不仅可以视听,还可以通过操控、俯瞰来体验。想必这一点符合各位对 VR 的想象。

"3DCG"是由 3D(三维)与 CG(Computer Graphics:计算机图形)组合而成的术语,与 VR 非常相似,但是含义不同。

一般来说,人们大多用 3DCG 一词来表示在计算机上展现三维内容的"技术"。

3DCG 技术的用途不仅限于 VR 眼镜、体验型内容等领域。在我们经常观看的电视剧、电影、动画片中,人们很早以前就已经开始使用 3DCG 技术了。在当今的游戏中,几乎没有不使用 3DCG 技术的游戏。

3DCG 不仅可以应用于电视那样的平面影像中,还可以应用于游戏那样的用户可以通过操作在画面上不断移动的场景。

当然,人们通过佩戴 VR 眼镜可以有效应对具有沉浸感的内容。也就是说,虽说 3DCG 是在计算机上用于处理三维数据的技术,所输出的接口、屏幕即使是二维的也没问题。

今后,人们使用"元宇宙"一词时,所取的是介于 VR 与 3DCG 中间的含义。

也就是说,虽说是基于 3DCG 技术的具有深度的三维数据,但输出的画面既可以是二维的虚拟空间,也可以是三维的虚拟空间。

事实上,《Fortnite》《Minecraft》《Roblox》等被称为"元宇宙"的游戏主要是面向智能手机、个人电脑、游戏机开发出来的,也就是说，非面向 VR 终端设备的游戏占据多数。

日本的 Cluster 那样的平台也是面向 VR 终端设备、智能手机、个人电脑等多种终端的平台。

目前，VR 终端设备普及数量有限，短时间内多种终端并存的格局将会继续。尽管很多人认为"元宇宙＝必须佩戴 VR 眼镜"，没有 VR 眼镜的十多岁的孩子们依然能够在互联网的 3D 空间中自由驰骋。

VR 终端设备的普及会滞后

智能手机刚刚发售的时候，绝大多数人都有"这是新型手机"的误解。不过，恰恰是受到这种误解的影响，智能手机一下子就得到了普及。其实，与其说智能手机是手机，不如说是超小型计算机更准确。

打字机被文字处理机取代，如今又被个人电脑取代，传统手机被智能手机取代，进而被数字设备取代。在过去的 25 年里，伴随终端的进化，IT 行业也发生了革命。

计算机普及之后，Microsoft 开发的 Word、Excel、PowerPoint 等软件也得到普及。智能手机普及之后，LINE、Instagram 等手机软件也得到普及。

"设备普及之后是内容的普及。"

这是互联网时代的一个作为大前提的规律。然而，这次这个规律不适用了。

现在的人们没有佩戴 VR 眼镜的习惯。所以，在享受《Fortnite》《Minecraft》那样的在线游戏时，没有人佩戴 VR 眼镜。

要想让人们养成某种习惯，需要花费一定的时间。对于元宇宙普及而言，可用于个人电脑、智能手机、游戏机的 3DCG 内容的流行应该先走一步。

看来 VR 终端设备普及会有些滞后。VR 终端设备就如同在做好的料理中加入的胡椒。

如今，人们即使没有高达 30 万日元的超高配置的个人电脑，依然可以享受在线游戏带来的快乐。当然，能够拥有昂贵的游戏用个人电脑更好，没有这样的电脑也不会有任何问题。作为用于元宇宙的 VR 终端设备，现有的那些就足够了。

因此，聪明的企业应该是不急于对 VR 进行优化的。他们会为应对 3～5 年后的 VR 终端设备而不断钻研 3DCG 技术。想必许多 IT 企业会这样做。

为实现 VR 终端设备的普及，需要解决的课题

实际上，无论从技术的角度来看，还是从人们使用习惯的角度来看，VR 终端设备都存在重大课题，现在我们正处于解决课题的阶段当中。在此，我想列举一些课题及其发展变化的实例。

凡是从事IT工作的人士都会有这样的感觉，那就是相比个人电脑、智能手机的普及，VR终端设备普及速度相对缓慢。

其实VR终端设备很早就出现了，21世纪10年代前期，许多款引起世人关注的VR终端设备就已经上市了。近10年间，日本大部分的民众都用上了智能手机。相比之下，VR终端设备并没有实现智能手机那样的爆发式普及。原因在于人们有一种很强的刻板观念，那就是VR终端设备是一部分业内人士、核心人士的专用设备。

从统计数字来看，相对于2020年日本国内个人电脑销售台数为3亿台左右，智能手机为12亿部而言，头戴式VR终端设备只有区区1600万台。位数上存在一位、两位的差距。估计2021年的个人电脑用户、智能手机用户分别可达30亿人、50亿人左右，而VR用户连1亿人都达不到。

相比其他设备，VR终端设备普及滞后的其中一个原因是"原本人类没有佩戴护目镜的习惯"。

不得不说，个人电脑、智能手机等设备的普及是基于人们已有习惯的延伸而已。比如在个人电脑普及之前，人们就已经有了使用打字机、算盘那样的放置于桌子上的装置的习惯。

在智能手机普及以前，人们已经养成了随身携带手机的习惯。手机中搭载各种计算机的功能之后，智能手机才在短时间内得到了普及。

也就是说，个人电脑、智能手机的普及都是基于人们已有习惯的延伸，因为无须从零开始改变人们的习惯，所以实现了低成本、快速的普及。

相比之下，人类并没有佩戴护目镜的习惯，所以也就很难习惯。

因此，要让用户从零开始养成佩戴护目镜的习惯，VR 行业就必须支付成本。让人们做以前从未做过的事情，无论从时间角度来看，还是从金钱角度来看，其成本都是巨大的。促使人们改变现在的生活习惯，养成新的习惯，那是需要相当大的魅力和好处的。

促成 VR 终端设备普及的三种方法

人们在生活习惯上存在 VR 终端设备普及的障碍。为了突破这样的障碍，我们可以采用下面的三种方法。

第一种方法是放弃改变人们习惯的做法，"锁定尚未养成习惯的未来一代进行习惯的渗透"。

具体来说就是让孩子们使用 VR 终端设备。对于已经养成习惯的成年人而言，如果没有特别大的好处是不会改变自己的习惯的。孩子则不同，他们还没有养成任何习惯，会出于好奇而去接触 VR 终端设备。

如果能够让处于"白纸状态"的孩子们养成使用 VR 终端设备的习惯，待他们长大成人时，就会如同人们现在使用个人电脑、智能手机那样在生活中也能很自然地使用 VR 终端设备。也就是说，我们可以选择等待"VR 原生代"的上场。

第二种方法是"在人类的各种习惯中，探索比较接近的习惯"。

在人类的各种习惯中，最为接近的是"佩戴眼镜"的习惯。

如今的VR终端设备还是体积太大，还没有像眼镜那样可以轻松佩戴的款式。不过，人们会在VR终端设备轻量化方面不断取得进步。人们一旦成功开发出如同普通眼镜般可以轻松地佩戴在耳朵上的小巧、轻量的VR终端设备，VR终端设备就有可能如同个人电脑、智能手机那样快速得到普及。

第三种方法是"VR终端设备定位的时尚化"。以前我详细了解过曾任苹果公司日本总经理的前刀祯明的产品市场营销战略。

通常，高科技设备制造商都会注重对其产品性能的宣传，在良好的音质、耐用的电池、高像素等功能上努力实现产品的差异化。

与此不同，史蒂夫·乔布斯回归之后的苹果公司则将顾客使用产品感受到的感觉作为市场营销战略的中心。

如果能够令用户对于使用产品产生"很帅""很时尚"的感觉，那么向那些尚未拥有产品的人们渗透就成为可能。

在社会上形成某种习惯需要几十年的漫长时光，然而时尚则是一个以年为单位的急剧变化的世界。如果能够让自己公司的高科技产品引领时尚，那就可以借助时尚的潮流快速在市场上推广自己公司的产品。

为此，苹果公司开设了如同高端奢侈品店那样的以纯白色装饰为主、层高很高的店铺。在店内循环播放着宣传产品使用的电视广告。苹果公司之所以这样做，主要是为了吸引对时尚、流行比较敏感的年轻人。

结果是，苹果公司确实吸引了对于时尚较为敏感的人们、具有创新意识的人们，发展成为世界上最大的高科技制造商。仅从这样的着眼点与嗅觉来看，我们就不得不感叹史蒂夫·乔布斯是一位市场营销的天才。

反观目前的VR终端设备，尚没有融入任何的时尚元素。苹果公司已经决定正式进军VR终端设备领域了。届时，或许会在便利的高科技设备以外赋予VR终端设备时尚性的附加价值，促进VR终端设备在世界上早日普及。

阻碍VR终端设备普及的技术障碍

人们的生活习惯使VR终端设备普及难度增加，关于这一点，我在上面的章节中已经做了阐述。接下来，我想要讲述的是VR终端设备普及的技术性障碍。

已经拥有VR终端设备的人士都知道，如同使用个人电脑、智能手机那样连续5～6小时使用VR终端设备是一件痛苦的事。头戴较重的VR终端设备时，视角长时间完全被画面所占据。相比长时间使用个人电脑、智能手机观看画面，眼部、身体所承受的负担更大。

此外，人们还会遭遇被称为"VR眩晕"的现象。这种感觉如同晕车一样。在长时间使用VR终端设备时，我们的大脑所处理的视角与身体的信息之间一旦出现偏差，就会产生恶心、眩晕的感觉。

大脑是通过眼睛来识别外部信息的。大脑处理景象的速度与计算机处理画面的速度之间会产生些许偏差。长时间受到这种偏差的影响，大脑就会陷入混乱，引起 VR 眩晕。计算机的性能，动画、图像的低质量等众多问题是造成眩晕的原因。

我们体验在虚拟空间中飞翔、奔跑时，虽然在视觉上感受了各种变化，身体却是一动不动的。于是，就会产生认识上的偏差，进而产生视觉信息与平衡感之间的偏差，令人们产生不适感。

不过，一般认为人们可以通过技术手段在某种程度上解决 VR 眩晕问题。伴随着对于令人产生眩晕的机制的了解，人们会在开发设备、内容时更加关注这个问题。

此外，人类是具有一定的"适应性"的。在日常的使用过程中，人的大脑、身体都会逐渐适应，慢慢地就不会再产生眩晕感。

在过去的 10 年中，VR 终端设备的发展令人耳目一新。21 世纪 10 年代初期，人们要想体验 VR，需要配备巨大且沉重的头戴式 VR 终端设备、高达几十万日元的高性能个人电脑、长长的电线、足够大的操作空间。如今，伴随轻量化的发展，人们普遍采用的是无须使用个人电脑仅佩戴头戴式 VR 终端设备就可以享受 VR 的方式。

近年，人们在图像开发领域也取得了骄人的成绩。作为芬兰的一家 VR 创业企业，Varjo 成功开发出了能达到与人眼分辨率同等水平的 VR 终端设备。

一般认为人眼能够识别的最大角像素密度为 60PPD（Pixel Per Degree：视野里每个角包含的像素量）左右，Varjo 开发的 VR 终端设备的最大角像素密度可达 70PPD，在世界范围内引起人们的关注。

虽说在制造成本方面依然存在问题，但是人们开发出的 VR 终端设备的分辨率已经达到超过人眼的水平。人们如果使用这样的 VR 终端设备，想必就能够缓解前面提到的由低质量的图像所引起的 VR 眩晕问题。

此外，如果 VR 终端设备的分辨率达到与人眼同等水平，我们还可以体验佩戴 VR 眼镜与否所看到的世界毫无差别的惊人现象。如果研发人员能够令 VR 终端设备达到如同眼镜般的轻量化水平，再对佩戴舒适性加以改善，想必有一天人类会达到一时间无法分辨自己是置身于现实世界还是虚拟世界的情景。

Varjo 在技术开发上堪称别具匠心。技术人员运用眼动技术捕捉人眼在观察时使用的部位，仅将中心位置的分辨率提高到与人眼同等的水平。如果想要将映入视野的所有景象的分辨率都提高到与人眼同等的水平，计算机就需要承受异乎寻常的负担，终端也会变得巨大。然而，如果仅是实时提高处于人眼焦点范围内的景象的分辨率，那就能够以较低的负担满足相同的需求。

实际上，我们用肉眼观察世界时，焦点范围以外的景象都是模糊不清的。因此，在开发 VR 终端设备时，人们完全没有必要将人眼焦点以外的景象的分辨率也提高到人眼水平。在开发设备时，像这样可供人们探讨的课题还有很多，技术也是在不断进步的。

目前，习惯层面的障碍、技术层面的障碍阻碍着 VR 终端设备的快速普及。为了解决这些问题，全世界的 VR 企业都在从前面我所提及的方法中寻求解决的办法。

未来，伴随这些方法彼此之间协同效应的发挥，VR终端设备的普及必定会不断加速。

"游戏"才是元宇宙的入口

元宇宙否定派的那种"元宇宙不就是游戏吗"的说辞中隐隐地带有游戏在互联网行业中处于下等地位的意思。

在过去的30年间，在互联网行业，新闻、SNS是服务的"入口"，游戏是赚钱的"目标"。

互联网行业先利用免费新闻、社交媒体吸引大量的用户，再吸引他们去打游戏。用户虽然可以免费打游戏，但是需要付费购买装备。在互联网行业内，"游戏是用户花钱的项目"是人们的共识。也就是说，"游戏就是让用户花钱消费的目的所在，在此基础上不断谋求进一步拓展"。

然而，元宇宙的思维不是这样的。

对于元宇宙而言，游戏是"入口"，其他的交流、商务活动都是以游戏作为入口衍生出来的。这个流程与其他流程完全相反。

在《Fortnite》中，数字皮肤（给自己的分身所穿的服装）的年销售额可达5500亿日元左右。这个销售规模可以与古驰等奢侈品牌的销售规模相匹敌。

此外，据说《Roblox》玩家中的两成用户每天都会给游戏分身更换数字皮肤。宛如人们穿着不同服装外出那样，人们日常的习惯已经开始渗透到游戏中。而数字皮肤当然也会成为一种生意。

由于新型冠状病毒的全球大流行，被迫中止举办巡回演唱会的米津玄师在《Fortnite》中举办了虚拟演唱会。米津以3DCG分身的形式现身游戏中，与其他以分身形式出现的玩家们进行了交流。

在元宇宙中，游戏只是入口而已。进入入口之后，人们既可以与朋友闲谈，也可以购物，还可以观看现场表演。这是一个能够让大家相聚、展开日常交流、体验日常快乐的新世界。

如果我们停留在原来的思维中，认为"游戏就是目标"，就会对元宇宙产生重大误解。

拿出王牌的 Epic Games 与紧追不放的 Facebook（Meta）

"元宇宙不就是游戏吗？"或许我们有必要从正面的角度了解这个说法。

此次元宇宙革命是由在序章中曾提到过的名为 Epic Games 的游戏公司点燃的。这家公司即是全世界最大规模的开放世界类游戏——《Fortnite》的运营商，也是游戏引擎——Unreal Engine 的供应商。该公司使得"元宇宙"一词成为广为人知的词语。

Facebook 是在 Epic Games 提出的愿景基础上策划了元宇宙项目。也就是说，在元宇宙领域形成了已经取得成功的 Epic Games 在前面领跑，Facebook 等企业在后面紧追的局面。

Epic Games 运营《Fortnite》的同时，还负责提供各种用于在背后支持游戏的游戏引擎。换言之，这家 B（Business，企业）to C（Customer，顾客）企业还同时从事 B to B（Business to Business，企业间交易）商务，并取得了巨大成功。从这个角度来说，该公司是一家神奇的企业。

想必 Epic Games 的企业价值已经超过 4 万亿～5 万亿日元的水平了吧。作为 VR 与元宇宙领域的先驱，我预测该公司的企业价值迟早会超过 100 万亿日元。

Epic Games 已经收购了众多企业，并构建了"元宇宙生态系统"。许多投资家、创作者认为"在元宇宙领域已非 Epic Games 莫属，决战的时刻已经来临"。

从资金实力来看，或许 Google、Facebook 战胜 Epic Games 不是什么难事。然而，Epic Games 的深耕已经达到了令人望尘莫及的水平，即使拥有 Google、Facebook 的资金实力，也难以撼动 Epic Games 的市场优势。

从现实的角度来看，Google 连续叫停了多个 VR、3DCG 领域的相关服务。也就是说，Google 虽然拥有 GAFA 的人才、资金实力，在元宇宙领域还是无法发挥匹敌 Epic Games 的影响力。

其实游戏创作人员一直以来就有这样的看法："Google、Facebook 的那些家伙对于制作优秀的作品没有什么兴趣。他们满脑子想的都是赚钱。"

虽然 Google、Facebook 准备投入几亿日元的巨额资金，但是创作人员并不会轻易地跟进。创作人员不行动，当然做不出游戏。

Google、Facebook 仅凭借资金实力超越 Epic Games 是不可能的。

现在 Google、Facebook 还在坚持"新闻、社交媒体才是 IT 产业的主战场"。在大众普遍认为"做游戏能有什么出息"、大家都在贬低游戏的时候，Epic Games 默默无闻地投身于游戏和引擎开发中，并发展成为世界顶尖企业。

在游戏、CG 领域，Google、Facebook 并不受人们的尊重，人们也不会使用 Google、Facebook 开发的工具。

与区块链、NFT 的缘分

人们谈论元宇宙的时候，就必然会提及"NFT"。因为不少人存在"元宇宙 =NFT"的误解，所以我想在这里多说几句。

在前面的章节中我曾说过，NFT 是"Non-Fungible Token"的简称，在多数情况下被翻译为"非同质化代币"。

如果仅仅做这样的说明，想必各位还是不明白。简单来说，NFT 就是让线上的图像、视频、音频等数字数据也能够如同现实世界中的交易卡、商品那样实现交易、流通的技术。我们也可以将 NFT 看作一种"数字所有权"。

原来在网络上，人们可以无限制地复制数字数据。因此，要想让数字数据产生现实世界中的商品、数据那样的稀有价值是非常困难的。能够无限复制的数据当然没有稀有价值。

于是，NFT 问世了。NFT 是利用区块链技术的"难以篡改"

的特性，赋予数字数据如同现实世界中的商品一样独一无二的稀有性，在虚拟空间中再现物质的有限性的技术。

在 2022 年，令人产生元宇宙＝NFT 感觉的报道、说法依然有很多，这完全是误解。未来元宇宙与 NFT 彼此融合的可能性很高，但是在现阶段元宇宙与 NFT 是完全不同的两项技术。因为这两项技术有一些相似点，才造成人们这样的误解。

简言之，元宇宙就是"人们可以进行彼此交流的三维虚拟空间"。元宇宙不存在必须在区块链上运行的必然性，元宇宙中 3D 数据也不一定非要借助 NFT 技术进行买卖、流通。

也就是说，在元宇宙领域中，NFT、区块链是"可有可无的"，离不开 NFT、区块链的内容基本上不存在，认为元宇宙离不开 NFT、区块链的制作人、游戏创作人员也基本不存在。

人们将元宇宙、NFT 混为一谈是有原因的。虚拟货币市场和股票市场一样，是一个每天价格都在波动的自由市场。人们为了提高价格，就需要不停地引入热点话题。

上市企业为了提升自己企业的股价，就会发布引用流行语的新闻报道。同样，虚拟货币领域的相关人员也可以通过对区块链技术可以广泛应用于产业领域的宣传来提高虚拟货币的价格。

人们对元宇宙与相关新技术之间的亲和性进行了过度宣传，从结果来说，就在社会上留下了"是区块链技术支撑着元宇宙""构建元宇宙空间，NFT 必不可少"的印象。

我认为在日本国内，无论是在元宇宙领域还是在 NFT 领域，从黎明期开始就投身服务行业的人是很少的，直到 2022 年，这两个领域之间仍然存在相当大的隔阂，从技术、人才、价值观到目标都迥然不同。

除此之外，还有一个原因。那就是为数不多的元宇宙与NFT相结合的项目已经取得了一定的成果。

实际上，在《Decentraland（去中心化虚拟世界平台）》等项目中，人们已经成功构建了生态系统。在这样的生态系统中，用户可以在三维虚拟空间中对分身的行为进行操控，在交易所进行与现实世界的价值相关联的游戏内货币的买卖，在数字空间中将土地、商品作为NFT进行交易。

由于游戏中的活动与现实世界中的价值联动关系已经形成，虚拟土地交易也带有了投机色彩，因此虚拟货币领域引起了世人的关注。

我在前面曾经提到过在《第二人生》服务中流通的货币——"林登币"。人们可以根据汇率进行林登币与美元之间的互换。用户在《第二人生》中可以通过制作、销售商品，也可以通过土地买卖经营不动产来赚钱。一时间这样的用户遍布全世界。可以说《Decentraland》是通过运用区块链、NFT技术完成了《第二人生》未竟的事业。

然而，与坐拥数亿用户的《Fortnite》《Apex Legends》那样的FPS（第一人称射击类游戏）相比，《Decentraland》用户数量存在三位数、四位数的差距，从这里我感受到了人们强烈的投机性。

未来，运营拥有数以亿计用户的游戏企业，如果加快游戏内货币作为虚拟货币在交易所内的流通以及游戏内装备作为NFT的买卖、流通的步伐，那么二者不断融合的可能性是存在的。

不过，那些运营热门游戏的企业通过在游戏内向用户销售装备就可以获得巨额利润，他们对于结合区块链、NFT 等技术开展复杂的开发工作并没有什么兴趣。

我个人预测，在未来的日子里，在已有的《Decentraland》《The Sandbox》等平台上配置简单的 3D 模型，然后将其作为 NFT 销售赚钱的"轻松元宇宙"项目将会如雨后春笋般地在全世界范围内出现，作为独立的娱乐项目要想通过与 NFT 相结合在世界范围内获得数以亿计的用户，还需要几年的时间。

Web3 与创作者经济

接下来我想给各位讲述一下"Web3"或"Web3.0"。

"Web3.0"被称为继"Web2.0"之后的新的互联网潮流。人们在软件版本管理的时候经常使用 3.0、2.0 之类的称谓。每当新的版本出现，人们就会使用更大的数字表示新的版本，版本就形成了 1.0、2.0、3.0……的排序。

在多数情况下，Web3 是指"基于区块链技术等的非中央集权的互联网"。要想理解这个概念的含义，我们有必要了解一下 Web1.0、Web2.0 的历史。

在互联网开始普及的 20 世纪 90 年代后期，WEB 信息的流动是单向的。彼时，能够与互联网连接的计算机数量非常少，通信环境相当恶劣,和如今的通信环境完全无法相比。

当时,作为个人能够开设主页,如同报社、电视台那样发布信息,就已堪称是创新行为了。因为在那以前,发布信息是富有影响力的媒体的特权。

这项特权终于向个人开放了。发布信息的民主化是 Web1.0 时代所带来的重大变化。

21 世纪初,个人电脑开始进入更多的家庭,在世界范围内网络用户急剧增多,通信速度也不断得到改善。于是,在网络上,信息发布开始具有实效性和双向性的特点。

也就是说,人们在网络上一旦发布信息,就有可能收到来自世界某个角落的某人的评论、互动信息。在今天看来,这是再自然不过的事,然而在当时,这属于革新。

互联网行业未来区别于过去的 Web,将这样的潮流称为 "Web2.0",后来还产生了小规模的泡沫。在这样的潮流中,制作内容的不是运营商而是用户。这被称为"消费者自主媒体(CGM:Consumer Generated Media)"。于是,在世界范围内,口碑媒体、社交媒体等服务应运而生。

如今的巨大 WEB 服务商——脸书、推特(Twitter)、油管等也都是在那个时期成立的,并在之后又不断地继续发展。之前就已经成立的 Google、Amazon 也是利用网络的双向性,通过充实服务内容、收购其他公司逐渐构建起了今天的公司规模。

现在已经家喻户晓的"平台战略"也是人们在那个时代成功者的商业模式基础上总结出来的。

Web2.0 的胜利者们之后继续发展成为被称为"GAFA""BAT"的企业，进军网络上的各个领域并占据着相当规模的市场份额。他们以较低的成本将全世界的用户聚集起来，基于对数据的分析不断改进产品，聚集的用户越多，获得的产品价值就越高。这被称为"网络效应"。这些企业利用网络效应，实现了自身的加速发展。

此次的 Web3.0 是针对 Web2.0 的胜利者——GAFA 提出的反命题。

GAFA 等平台企业针对用户的数据实施中央集权式的管理，通过对这些数据的充分利用，实现了加速成长。在世界上，众多的服务、企业处于依赖 GAFA 等平台企业的基础设施的状态，一旦 GAFA 的设施出现问题，这些服务、企业受到牵连而被迫中止服务的情况时有发生。

此外，大企业多利用云端来管理内部数据，机密信息也是处于 GAFA 基础设施的管理之下，这些数据一旦丢失，会给企业造成极大的损失。

一般用户可以轻松、便利地使用社交媒体免费发布信息。Twitter、Instagram、YouTube 的账号一旦被关闭，用户以往发布的数据都会变得无法使用，追随者、频道注册者的"资产"也会在一瞬间消失殆尽。这种事态对于以在网络上发布信息为生的创作人员而言绝对是噩梦。

Web3.0 的宗旨是将以往 GAFA 等平台企业针对数据的中央集权式的管理的主导权交还给用户，进而构建非中央集权式的、分散的互联网。人们构建这种网络的时候需要运用区块链技术。

如果能够实现这一点，我们无须将数据的管理托付给平台企业，个人隐私也就不会受到侵害，账号被冻结时被迫停止活动的风险也就不存在，企业也能够摆脱 GAFA 等平台企业的控制。这些都是我们可以获得的好处。

伴随互联网的不断成熟，其分散性也会提高，信息发布人也从大企业逐步变为个人，相比经常出现在电视上的艺人，活跃于社交媒体上的网红和 YouTuber 对于人们更具影响力。

伴随着成熟，中央集权式的事物的分散性会越来越强。这符合热学中的熵（entropy）的含义。我个人认为未来伴随这种潮流的发展，能够实现 Web3.0 所倡导的主张的概率是相当高的。

强烈主张这一点的是美国大型风险投资公司——"安德森·霍洛维茨风投公司"。该公司曾经向区块链相关的创业公司提供过大规模的资金支持，也有可能是因为处于这样的位置才这样主张的。

风投公司是通过对新兴企业投资、上市、转让来获取回报的投资企业，为提高自己已经投入资金的领域的热度，获得更高的价值而奔走也是他们的一项工作。对于这一点，硅谷的资深创业家——埃隆·马斯克、杰克·多尔西曾经有过带有讽刺意味的发言，在社会上引起过热议。

事实上，"Web2.0"这一概念最早是由蒂姆·奥莱利提出来的。之后，硅谷的投资家们随声附和。于是，投身 Web2.0 服务的创业家们一哄而上，最终引发了 Web2.0 泡沫。

Google、Amazon 在把握了 Web2.0 的本质的基础上，通过补充新功能、收购其他公司等方式顺利地实现了公司的大发展。然而，那些追赶潮流而投身 Web2.0 服务的创业企业绝大多数都陷入了绝境。

此次的 Web3.0 也具有与 Web2.0 相似的一面。对于这一点，我无法否定。所以说，不被流行语所煽动，在看清变化的本质的基础上，再思考如何加以有效利用才是聪明的做法。

称霸 Web3.0 时代的人们

对于什么样的服务会获得成功，什么样的服务会遭遇失败，我无法做出预测，不过，对于从事什么样活动的人们能够从 Web3.0、元宇宙中受益，我能够比较精准地做出预测。

在 Web2.0 时代，Web 具有双向性，内容的制作者从企业变为个人。能够得心应手地使用推特、YouTube 等 CGM 服务的个人可以变身为拥有几百万、几千万追随者的明星。仅通过上传有趣的视频，就可以在全世界获得几百万的观众，可以赢得广告收入。这样的环境已经形成了。与过去相比，这堪称是梦幻般的变化。

在此次的 Web3.0、元宇宙潮流之中，受益最大的无疑是创作者。

如果通过 NFT 赋予以往可以任意免费复制的数字数据以稀有价值，那么那些从事数据产出工作的创作人员将会受到极大的鼓舞。

以前，画师、漫画家、设计师、插图画家、CG 创作者等会出于个人爱好将自己的作品上传到社交媒体平台上，但是基本上不能像 YouTuber 那样获得惊人的收入。未来，伴随元宇宙的发展，3D 数据的需求会不断增加，通过 NFT 赋予数字作品几千万日元价值的情况也会越来越多。

在 Web2.0 时代，YouTuber、网红通过在社交媒体上获得搜索量引起人们的关注从而在经济上取得成功。在 Web3.0 时代，想必那些为满足人们的需求而创作作品的创作者将会在经济上取得成功。

这种潮流也被称为"创作者经济"。未来，那些以往被忽视的创作者将占据整个经济的中心位置而备受关注。在我们思考自己未来的人生时，关注创作者经济具有极为重要的意义。

B to B 电子商务中的元宇宙技术

在推进针对法人的 B to B 商务时，元宇宙技术也存在相当大的潜力。例如，2016 年微软公司开始售卖名为《HoloLens》的产品。

在制造业、医疗与教育第一线，有使用 PowerPoint 制作的二维图形无法应对的情况。例如，仅通过观察二维 X 光透视照片，人们无法准确地把握心脏、肺部中病灶的位置。

使用《HoloLens》的时候，人们可以看到有深度的三维影像，人们不仅可以自己一个人查看数据，还可以与其他许多人共享数据。如果佩戴形状类似护目镜的终端，人们可以在眼前的物理空间中对三维内容进行叠加，直观地实施操作。这种介于 VR、AR（Augmented Reality，增强现实）中间的设备被称为 MR（混合现实）设备。

Zoom 是二维的线上会议系统。为了与 Zoom 竞争，Facebook 推出了名为《Horizon Workrooms》的服务。在使用《Horizon Workrooms》的时候，人们可以通过对分身的注册，召开三维线上会议。可以说《Horizon Workrooms》就是"3D 版的 Zoom"。

不过 B to B 商务没有 B to C 商务普及得那么快。

如今依然有人还在使用传真机，迫于年轻人的压力，DX（数字转型）的脚步也刚刚迈出。基于这样的现实，要想实现元宇宙面向法人的广泛渗透，大概还要等上 10 年吧。

国土交通省构建的"PLATEAU"平台

未来，政府、地方自治体[①] 等行政机关会如何有效利用元宇宙呢？

"在计算机上运用二维数据、三维数据进行各种各样的模拟。"

一直以来，政府机关、实验室都有这样的需求。在元宇宙成为流行语以前，"数字孪生"（元宇宙的亚种）曾引起人们的热议。

---

① 日本地方政府采取地方自治形式，统称为地方自治体，由"都道府县"和"市町村" 2 个层级构成。日本目前有都道府县共 47 个、市町村共 2374 个。——译者注

运用数字孪生，人们可以在计算机上创造出"另一个自己""另一个世界"，开展各种各样的模拟工作。

2020年日本的富士通公司开始销售一款名为《数字孪生分析器》的商品。这是一款通过收集车载摄像机拍摄的影像，对人行横道、信号机、交通标识的位置等进行分析，进而生成3D数据的设备。人们登录"数字孪生"系统，可以开展以预防交通事故、开发自动驾驶汽车等为目的的模拟工作。

新加坡国土面积狭小，仅比东京23区稍大一点。该国将全国纳入虚拟空间中，对于在哪里修筑道路，在哪里建造大楼进行了模拟（《3D EXPERIEN City》）。也就是说，该国举全国之力投入"数字孪生"构想之中。

不动产开发商在建造住宅、楼宇的时候，必须事先对建筑物竣工后会产生怎样的影响、会给城市的景观带来怎样的变化进行模拟。

此时，人们必须使用平板电脑驱动3D数据，对于日出、日落时的景象进行模拟，对于附近人员的流动情况，产生车辆拥堵的地段、拥堵程度进行调查。人们做这样的模拟时，使用《3D EX-PERIEN City》之类的服务非常便利。

2020年日本国土交通省构建了"PLATEAU"平台，在网络上免费发送日本全国各个城市的3D数据。这些数据可用于应对B to B的城市开发项目的数据需求。此外，这些数据还可用于AI对于自动驾驶路线的学习，需求方不仅来自日本国内，甚至来自世界各地。

从事制造业的人士需要掌握工厂内的大量数据。面向法人的

"数字孪生"服务已经在行政机关、建筑、工业、农业等各个领域得到有效利用。未来,想必专门面对各个行业的"数字孪生"服务将会层出不穷吧。

终有一天,连数字原生代也会被人指责"落伍"

我在这本书中描写的未来世界终将成为现实。那么,我们应当如何面对这样的未来呢?

20世纪80年代至90年代前后出生、21世纪初进入社会的人群被称为"千禧一代"。

在"千禧一代"的孩提时代,作为基础设施的互联网、个人电脑已经开始普及。因此,"千禧一代"也被称为"数字原生代"(这个人群出生的时候互联网就已是稀松平常的存在)。

20世纪90年代后期出生的人群在婴幼儿时期就开始玩智能手机、平板电脑。人们把智能手机已经成为其身体的一部分的年轻人称为"Z世代"。

然而,无论是"数字原生代"还是"Z世代",在此次的元宇宙革命中都可能被人指责"落伍"。

"数字原生代"的重心是智能手机、二维互联网和社交媒体平台。元宇宙原生代的网络的使用方式与"数字原生代"有本质不同。元宇宙原生代从降生的一刻起,就可能拥有通过佩戴VR终端设备遨游于3D空间的未来。

20世纪10年代初智能手机刚刚问世时，很多人发出了"那么小的屏幕怎么操作软件呀""文字太小啦，还不如在个人电脑上操作键盘方便呢"之类的嘲笑。

同样，想必"数字原生代"中的许多人对元宇宙原生代在三维空间中的行为也会感到困惑。

其实，如果我不是处于元宇宙构建者的位置上，我也会感到一头雾水。对于那些已经习惯了二维互联网的人们而言，理解三维互联网并不是一件容易的事。

如今习惯于使用网络的我们，同样也会对只会使用纸和钢笔的人产生异样的感觉。

虽说人类进入智能手机时代已经十多年了，但是依然有人还在坚持使用传真机，在纸质文件上盖章。我们一直嘲笑这样的人已经"落伍"。然而，一不留神我们自己也有可能被别人视为"落伍"的人。

《黑客帝国》与《龙与雀斑公主》中的故事变成现实的那一天

1999年电影《黑客帝国》刚刚公映时，由于情节过于费解而引起人们的热议。

为什么在头部的后侧"咔嚓"一下装上机器，就可以进入另一个世界呢？为什么在另一个世界中，墨菲斯会具有超人的格斗技能，尼奥能够如此敏捷地战斗呢？到底哪个世界是真实的？哪个世界是虚拟空间？

想必有不少观众虽然"无法理解故事的情节"，但是却被"从未见过的超美影像"所震撼。

在观看了续集的《骇客帝国》《矩阵革命》之后，由于情节更加难以理解而陷入混乱的人更多了。观看了《矩阵重启》（2021年公映）之后，人们才终于恍然大悟地说道："原来尼奥和墨菲斯只是登录了元宇宙呀！"

细田守执导的长篇动画电影《龙与雀斑公主》也是一部以元宇宙为主题的作品。

在这部电影中，成长于农村地区的女高中生在一个被称为"U"的元宇宙世界中作为歌手出道，深受人们的喜爱。在这个拥有50亿用户的元宇宙中，来自穷乡僻壤的无名女孩一举成为超越Lady Gaga、爱莉安娜·格兰德的超级明星。

《黑客帝国》《龙与雀斑公主》中的故事成为现实的日子已经不远了。

未来，伴随7G（第七代移动通信技术）、8G（第八代移动通信技术）的出现，想必人类会很自然地沉醉于如同好莱坞电影般的元宇宙之中吧。彼时，即使数据的传输量再大，信息处理方面也能够应对。

加之，尚没有社会常识的小学生、十几岁的孩子成长到二十四五岁，成为社会上的有生力量的时候，人类的习惯会发生翻天覆地的变化。

在他们长大成人之前的 10 年间，元宇宙的趣味性、魅力将会飞速渗透到社会的每个角落。

比真实的迪士尼乐园更具魅力的虚拟迪士尼乐园

伴随技术的不断进步，人类迟早会创造出比现实世界更美好的虚拟世界。虚拟世界不存在任何制约，人们可以一直沉浸其中。

随着照片加工技术的发展，我们已经能够拍出比实景更美的照片了。人们通过使用 Instagram 中的美图功能，既可以让照片中的某种颜色更加突出，也可以将照片的颜色加工为深褐色。如果使用软件，人们就可以得到犹如出自专业化妆师之手的面部化妆效果的照片。

在日本有人因为醉心于被称为"梦幻世界"的迪士尼乐园，使用年票频繁光顾该乐园，在一年中竟然有两百天的时间是在乐园中度过的。迪士尼乐园是非现实、非日常、令人欲罢不能的空间，相比之下，那些日常的空间实在是过于无聊了。

未来，能够给人类带来最大的刺激、最大限度地满足人们欲望的虚拟迪士尼乐园如果出现了，结果会怎样？

虚拟迪士尼乐园是一个三维虚拟空间，规模之巨大是位于日本浦安的迪士尼乐园无法比拟的。在虚拟迪士尼乐园中，新开发出来的谁都没有享受过的项目数不胜数。如果系统允许人们在任何时候都可以登录虚拟迪士尼乐园,人类或许会走进"梦幻世界"而一去不复返。

现阶段,1天15个小时沉迷于《Fortnite》的网络游戏的用户已经出现。有些人专注于抖音、Instagram之中,和父母完全没有交流。在这样的孩子眼中,与现实世界相比,二维的社交媒体更令人感到愉快、舒服。

像电影《黑客帝国》所展示的那样,现实的人类或是躺卧在床上使用电子产品,或是佩戴着VR眼镜一动不动,这样的生活在未来有可能会变成现实。

高清电视机、4K电视机刚刚上市时,只知道真空管的老一代用户的认知被颠覆了。在他们看来,新款电视机显示的影像像素太高,信息量太大,实景反而给人一种污秽、模糊的感觉。

8K电视机发售以后,人们又会认为"4K电视机真不怎么样"。

从光的反射方式、光的放流方式来看,虚拟世界更加令人愉悦。如此一来,人类不愿置身于现实世界,而希望一直生活在虚拟世界中,也就可以理解了。

在虚拟世界中,人类怎样摄取食物呢?由于大脑的神经键(控制信息传递的器官)可以控制味觉,人类即使是在吃压缩饼干,也会产生如同品尝松露意大利面时的满足感。

在电影《黑客帝国》中也出现过出场人物一边品尝厚厚的牛排一边喝红酒,并戏谑"这可是错觉哈"的场景。

在长篇漫画《火影忍者》的结尾部分,名为"大筒木辉夜"的最后强敌登场了。这个最后强敌一使用被称为"无限月读"的幻术，地球上所有生物的身体都会被束缚住，醉心于自己向往的梦幻世界中，陷入梦游状态。

元宇宙或许能够产生与"大筒木辉夜"所使用的"无限月读"同样的效果，将许多的人诱导至带有幸福感的沼泽之中（因为是具有危险性的双刃剑，使用时必须加以注意）。

在现实世界之中，生长于富裕的家庭，能够在东京大学毕业后前往哈佛大学留学的超级精英是极为有限的。仪表端庄、能够在高盛集团、麦肯锡咨询公司、GAFA工作，成为亿万富翁的更是极少数人。

在整个人口比例中，在各个方面均占优势的人群应该不到1%吧。99%以上的人在内心中都会有"想要更多的金钱""想要再高出10厘米的身高""想要通过提高学历，像某个人那样进入上流社会"之类的改变现实的欲望。

在现实世界中，人们这样的梦想是很难实现的，但是在虚拟空间却能够轻松地实现。

仅凭一己之力制作好莱坞级别电影的天才少年诞生

从事元宇宙工作以来，对于这样一件事的发生我是深信不疑的。今后几年里，在世界范围内，运用3DCG技术制作好莱坞级别电影的孩子会如同雨后春笋般出现。仅凭一己之力就能制作出

《Fortnite》级别的游戏的孩子也会不断涌现。

3DCG 技术具有悠久的历史,以影像行业为中心在世界范围内已经形成独有的生态系统。原本从事 3DCG 开发的创作者主要是服务于影像行业的,近年他们在与网络相结合的游戏行业中取得了令人瞠目的大发展。

随着 Unity、Unreal 等游戏引擎的出现,创作者、开发者的数量急剧膨胀。过去,人们要想使用 CG 软件都是需要花钱购买的,如今免费软件越来越多。

目前,硅谷的巨大 IT 企业正在拼命地挖掘活跃于好莱坞电影领域的 CG 创作者,有时甚至会不惜将整个电影公司收购下来。

也就是说,为了获得擅长制作计算机图形的人才,他们正在全身心地投入竞争之中。

最近,在年轻的 CG 创作者中间,一款名为"Blender"的软件颇受欢迎。他们通过使用这款软件,不断向社交媒体平台上传自己的作品。作为面向专业人士的高性能软件的 Blender 是一款公开源代码软件。

在世界范围内,由使用这款软件的开发者、创作者构成的社群正在形成。

我发现有人在向社交媒体平台上传极具质量的 3DCG 作品时,常常会使用 DM 与其取得联系。此时,我经常会收到"我才 16 岁。学校的功课很忙,白天不能出去工作"之类的很不客气的回复。每每收到拒绝我工作邀约的回复时,我都备受打击。

他们并不是以制作 3DCG 作品为生的。作为中学生、高中生,他们与父母生活在一起，想必没有必要挣钱养家。在他们看来，制作 3DCG 作品近乎是一种娱乐而已。可是，不得不承认，他们的作品已经达到了一年可以挣到几千万日元、几亿日元的水平了。

以往，编程、设计属于不同工种，由不同的人来完成。

如今，使用 Unity、Unreal 制作 3DCG 的年轻人仅凭一己之力就可以同时应对程序员和设计师的工作。孩子们同时做着程序员、设计师的工作时，自己并没感到有什么异样。然而，在长期从事编程、设计工作的成人眼中，这些孩子简直就是超人。在 3DCG 的世界之中，现在的成人都不是他们的对手。

孩子们拥有充足的时间，放暑假时可以一直玩个人电脑、智能手机。其中，聪明的孩子一下子就可以熟练掌握 3DCG 技术。

等到这些孩子们年龄超过 20 岁时，投资家会惊异地发现"这家伙太厉害了"进而开始投资。于是，类似 Facebook、Google 那样的巨大企业就会出现。

或许有人会做这样的尝试，他们遇到绝顶聪明的孩子时，将巨额资金交给这个孩子，并对他说"制作什么都可以，只要是你觉得有趣的东西就行"。伴随 3DCG 技术的飞速进步，或许某些新的服务会席卷全世界，而 Facebook、Google 被人揶揄已经落伍。

有些十几岁的孩子已经能够制作极高水平的 3 分钟短视频。因为只有从事元宇宙项目策划的创业家、开发者才能发现他们的才能，所以他们的才能尚未得到广泛认可。我认为他们具有仅凭一己之力制作《星球大战》级别的 3DCG 长篇作品的能力。

想必最短在 5 年之内，自主制作好莱坞级别的电影、《Fortnite》级别的游戏的孩子会出现的。

"啊，这部作品简直太精彩啦！到底是什么样的团队，花了多少钱制作出来的呢？"有一天，我们做这样的调查时，可能会发现作品的创作者仅仅是一个孩子。曾经坚信是出自资深人士之手的 CG 作品，却是 13 岁的孩子制作的。彼时，那些成人们会发出"太厉害啦！简直无法相信。不知不觉中，世界已经变啦！"之类的惊叹吧。

我相信，未来那些不为常识所束缚、具有高度智慧的孩子们将成为主角，为整个世界带来颠覆性的变化。元宇宙革命的主角就是那些如今仍籍籍无名的孩子们。

第一章 创造世界的方法之一·视觉空间

> 艺术必须出自大自然，我们只是去发现而已。
> ——安东尼·高迪

世界是什么？

在第一章中，我对元宇宙的结构进行了概要阐述。接下来在第二章、第三章中，我会讲解"创造世界的方法"。

此后，或许我会做出一些概念性的说明。遇到难以理解的概念，我会尽量做出通俗易懂的讲解。敬请各位耐下心来继续读下去。

我在前面曾说过，元宇宙是神力民主化的产物，就是创造世界。

那么，世界是什么样的呢？其结构又是什么样的呢？我们如果不能回答这些问题，就无法构建作为虚拟世界的元宇宙。

所谓世界就是能够通过视觉进行认知的可视的"视觉空间"和具有社会功能与作用的"生态系统"的融合体。

具体而言，视觉空间就是指观光景区、大自然、可供人们旅行的场所等。生态系统是指国家、社会与共同体、家人与社团、"沙龙"。

我们要想构建元宇宙，就必须运用视觉空间+生态系统的综合技术。其中，设计环节的难度非常高。

人类可以看见的视觉空间又是由"人类（分身）"与"景象（场域）"两种要素构成的。

如果我们无法区分自己与其他人、人类以外的动物、建筑物、汽车等，那么社会生活就不成立。人们会根据别人的面相做出判断，尽量远离可能威胁自己安全的人。

人类可以通过"那个人走路的样子有些奇怪呀，是不是受伤了呢""那个人表情凝重呀"之类的对细节的敏锐观察，识别异常。这是人类的一种特性。

然而，人类是如何观察视觉空间的背景的呢？对于景象，人类相当迟钝，难以发现变化。各位不妨静下心来思考一下，回想一下在各位的住宅周围都有什么样的建筑物。

那些建筑物的墙壁、屋顶是什么形状的？道路旁边设有什么颜色的标识？想必各位已经不知道多少次看过这样的街景了，但是却基本上没有留下什么印象。但是要被问到邻居的长相，各位应该记得比较清楚吧。

即使与邻居久别重逢时，也会在心里想"那个人以前挺胖的呀""怎么变得这么瘦了，是不是生病了""咦？他的脸和以前有些不一样，是不是做了微整形呀"，能够洞察到对方细微的变化。

要问张贴在自己家对面墙上的是哪个厂家的宣传海报，哪个政党候选人的宣传海报，我们基本上都不记得。即使河水的流向、太阳光的反射方式、昆虫的行为方式等发生一些变化，人类也基本上会视而不见。

但对于与我们生存相关的信息、与社会生活相关的信息，我们会清晰地记得。相反，那些与生存无关的信息，我们则马上就会忘掉。人类在无意识中已经在大脑中确定了对信息做取舍的优先顺序。

也就是说人类是相当关心他人的，立刻就会察觉他人皮肤质感的变化、表情的微妙变化。但是，对于世界的背景的变化，人类却是惊人的迟钝。我们把握这一特性，对于创造元宇宙空间具有非常重要的意义。

物理世界是遵循什么样的规律运转的？人类对于什么会感到不自然？针对这些，我们从直觉上能够理解，但是这种理解并没有达到言语、逻辑层面。

对于看到的空间，我们感觉它很自然，还是不自然？构建虚拟世界的人们，对于自然与不自然之间界限的理解必须达到言语、逻辑层面。如果人们达不到这个层面，那么构建出来的元宇宙就是扭曲的、不自然的、令人无法乐于生活在其中的空间。

每个人都是专家

那么我们怎样创造人类（分身）呢？在视觉空间中的各种再现

工作中，再现人类的工作难度最高。

为什么呢？那是因为所有人都是同一种族的"人的专家"。在分身的表情、走路方式、细微动作等方面，哪怕只有一点点不协调的地方，人们都会通过直觉立刻发现。

使用 3DCG 创造完全没有不协调感的人的分身，是技术上最具难度的、最尖端的领域。

在足球游戏《胜利十一人》或棒球、篮球游戏中，对于创作者而言，想要刻画出分身选手动作的细微差别绝非易事。如果我们仔细观察，就会发现其实游戏中分身选手的动作还是很相似的。

人们在虚拟环境中再现视觉空间时，观看的人最容易从视觉空间中的人物的动作、面部看出自己看到的人物并非真人。

如今在拍摄好莱坞电影、Netflix 电影时，人们已经无须制作巨大的道具，完全使用 CG 进行逼真的刻画。许多高质量的影像作品虽然是完全使用 CG 制作的，却给人一种使用了道具、服装、拍摄出来的感觉。即便如此，其中人物的动作和面部的刻画水平依然无法达到以假乱真的程度。

1970 年日本机器人研究专家森政弘先生提出了"恐怖谷"概念。所谓恐怖谷是指当机器人的设计接近人类的时候，人类会对这样的机器人产生不适感、厌恶感。人类对于《星球大战》中的 R2-D2、C-3PO、哆啦 A 梦、哆啦美那样的"无论怎么看都不像人类"的机器人会产生亲近感及爱意。

如果机器人的制作达到"无论怎么看都是人类"的水平，那么人类对这样的机器人会有强烈的亲切感。如果把这种程度的变化用图形表示出来,就会形成一个 V 字形的山谷,森政弘先生称之为"恐怖谷"。

如果我们使用 3DCG 制作出与真人无异的分身,就可以克服"恐怖谷"这个陷阱。然而,如同我在之前所讲述的那样,这确实是一个最为困难的课题。

因此,作为一个选项,我们创造在元宇宙中使用的分身时,可以不采用类似人类的造型,而故意进行变形处理、角色化处理。

"恐怖谷"现象

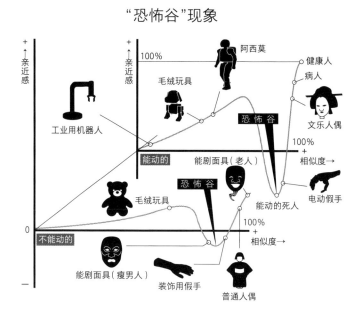

出处:森政弘《恐怖谷》能源杂志、埃索标准石油,Vol.7, No.4, 1970, pp.33-35

史蒂文·斯皮尔伯格执导的电影《头号玩家》所呈现的人类在元宇宙中的分身与人类并不是很像,造型类似动画片中的人物。

再过 1～2 年，创作者们或许也无法成功克服"恐怖谷"。在后面我还会讲述，目前创作者们正试图通过不断地改进来克服"虽然已经相当接近了，但还是哪里有些不同""表情稍微有些怪怪的"之类的不协调感。

或许我们绕过"模仿人类"这一难题，以鸟、猫等动物或者以外星人那样虚构的存在作为分身来构建元宇宙也是一个思路。实际上，鸟宇宙、猫宇宙等已经出现了。如果采用这样的分身，原本与自己就不属于同种，所以即使有差异也不会产生"令人不适的感觉"。

虚拟主播与虚拟人类的飞跃

人们将通过插图、CG 制作、在网络上发布视频的 YouTuber 称为"虚拟主播"（VTuber）。2016 年一位名为"绊爱"（Kizun AI）的年轻女性虚拟主播诞生了，受到人们广泛的喜爱。其在 YouTube 频道的注册会员超过 300 万人，Twitter（账号为"@aichan_nel"）的粉丝超过 60 万人。

因为绊爱受到人们特别的欢迎，以至于 BS 日本电视台特意开设了一个名为《贴贴 TV》的定期节目。该节目每周播放一次。

由于日本是漫画、动画片大国，以绊爱为代表的虚拟主播迅速地活跃起来。日本的用户在 YouTube 中支出的费用高居世界第一，日本虚拟主播的声名远播海外。

与人类极为相似的虚拟人类——"imma"也大受欢迎。2018年Instagram开办账号以来（账号为"imma.gram"），粉丝已达35万人以上，"imma"还在2021年夏季召开的东京残奥会闭幕式上场表演。

imma的发型是粉色的波波头发型，是由PRADA等时装品牌、饮料厂家共同设计出来的。国际品牌参与了虚构人类的塑造，并开始作为模特加以使用。

由于imma的外观与人类过于相似，以至于Instagram上的不少追随者误以为imma是真的时装模特。目前，人们主要在网络上发布的是静止图片，未来基于3DCG的视频会越来越多。伴随年龄的增加，真人模特的外表会发生变化，不能永葆青春。出于这样的考虑，时装公司想出了制作符合自家品牌的虚拟人类的办法。他们通过签订赞助协议的形式，与其他公司共同开发了imma那样的虚拟人类。这种做法性价比非常高。

在海外，作为超现实分身，从事游戏直播等的"CodeMiko"受到人们的欢迎。其在YouTube频道的注册会员接近40万人，在Twitter（账号为"@thecodemiko"）的追随者超过了25万人。直播者为女性，会在用户面前露脸。由于人们可以操作与自己相似的分身实时做出各种动作，所以大受欢迎。这可以说就是现实版的《龙与雀斑公主》。

因为人是人的专家，所以人类遇到了难题。不过，虚拟主播、虚拟人类正在逐步跨越"恐怖谷"。

未来 AI 可以自动生成分身

过去，只有拥有高水平的 3DCG 技术的企业、专家才能够制作虚拟人类的分身。如今，制作分身的成本已经接近于零，任何人都可以制作现实的分身。

从事《Fortnite》运营的 Epic Games 发布了名为《MetaHuman Creator》的优秀软件。即便是不会什么技术的非专业人员，使用这款软件也能制作出与人类相当类似的虚拟人类。

如果使用这款软件，就不再需要工程师来制作脸部的造型，再现人类眼睛的动作了。AI 可以为我们自动生成人类的分身。如果这款软件能够实现商业化，即使是没有什么技能的人，也能制作出与好莱坞电影相匹敌的视频。

我们如果使用名为《VRoid Studio》的软件，立刻就能做出绊爱那样的卡通分身。AI 通过摄像机读取人类脸部的同时就可以在虚拟空间中生成 3D 模型。在电影《龙与雀斑公主》中所使用的制作分身的技术，5 年之内会得到普及。

我们只要提供照片、视频，系统就会读取包括表情、动作、身高、体重等细节的信息，立即为我们生成虚拟人类的分身。

过去，人们要想做到这一点，必须使用能够 360 度旋转的照相机拍摄大量的照片。如果没有工作室或可以 360 度旋转的照相机等大型设备，制作虚拟人类是完全不可能的。

现如今，借助《MetaHuman Creator》《VRoid Studio》等软件、

AI 的力量，任何人都能如同专业视频创作者那样制作虚拟人类。

想必在不远的将来，人类能够如同替换 Twitter 中的图标那样不费吹灰之力地制作虚拟人类。未来，活跃于元宇宙之上的三维的、具有深度的分身，会在不知不觉中获得人气，成为《龙与雀斑公主》中的内藤铃（分身名为"贝儿"）那样的明星。

人类并不怎么记得世界的风景

人们是如何制作视觉空间的背景的呢？

之前，我曾讲过"对于风景，人类没有什么记忆"。

请各位回想一下日本东京涩谷车站前的巨大交通路口。想必许多人除了 SHIBUYA109、星巴克所在的玻璃大厦——QFRONT 以外，再也想不起别的什么了。

对于与 QFRONT 相邻的大厦的外观，极少有人能够做出准确的描述。

在涩谷，广告、招牌的更换相当频繁。一家底商撤店后，新的租户马上就会入驻，大厦也经常会进行改造翻新。这样的事情就像家常便饭。在涩谷的巨大交通路口，无论经过多少年都不变的标志是 SHIBUYA109、QFRONT。

作为一个人，如果想要把眼睛看到的所有场景都详细地记忆在大脑中，信息量太大，大脑会爆炸。

人类习惯于将一些"空间的要点"作为记号记忆在大脑之中，

对于其他的视觉信息则进行忽略处理。所以，对于非地标性事物的视觉信息的彻底改变，例如，色彩的彻底改变，人类完全觉察不到。这一点实在令人感到惊讶。

在虚拟空间中，如果让人们猜测某条小道是位于日本神田神保町深处的小道、位于东京涩谷的小道，还是位于大阪的小道呢，想必绝大多数人都猜不中。人们进入商店街的深处、住宅区以后，就看不到能够提供线索的地标性建筑了。人们自然难以做出猜测。

针对耸立于道路一侧的玻璃大厦的外形与道路对面的大厦的外形是否相同的问题，人类的大脑无法做出应对。所以，创作者们在虚拟空间中绘制风景时稍微敷衍一下，用户大多也不会介意。

"日本风格""东京风格""亚洲风格"的本质

在虚拟空间中绘制风景时，我会通过机器学习让计算机记住"日本风格""东京风格"之后，让计算机自动绘制风景。创作者需要对数量庞大的照片进行查看，让他们通过人力绘制一幅一幅的风景是不现实的。那会花费太多的费用和时间。

以前，我曾花上几个小时在 Google 街景地图查看世界各国城市的信息。我想要用自己的眼睛来把握"日本风格""东京风格""亚洲风格"的本质。

我发觉最能让人感受到"日本风格""东京风格""亚洲风格"的是招牌。中国、韩国、日本原本都有纵向阅读文字的文化。

在这些国家,大厦的三层、四层会悬挂着纵向的招牌。在对文字只做横向阅读的欧美国家,基本上不存在纵向的招牌。欧美各国的人士一看到纵向的招牌,就会感受到"日本风格""东京风格""亚洲风格"。

除了招牌以外,我的另一个发现就是道路。在日本的任何一个城市中,便道的外侧都会种有树木、灌木篱笆。这样的灌木篱笆可以在车辆、摩托车发生意外冲向便道时起到缓冲作用。

在中国、中国香港、韩国等日本以外的东亚地区,我很少看到过在车道与便道中间种着低矮的灌木篱笆。所以,人们一看到车道与便道之间的灌木篱笆,就会产生"这里是日本"的感觉。

为了把握"日本风格""东京风格"的本质,我通过人力进行了实践。然而,人们在设计元宇宙的时候,不需要做这样的实践。人们利用 AI 和机器学习就可以自动地做出设计。人们只要点击"东京都港区""巴塞罗那港区""罗马市中心"之类的按钮,就能得到具有那样风情的风景。这种软件会被开发出来,并作为开放源代码软件免费提供给人们使用。

看似真实却是在这个世界上不存在的新世界

我曾经被人直截了当地问过:"现在明明存在现实世界,为什么还要构建一个与现实一模一样的世界呢?"

当然,我们必须承认能够用手触碰的世界也是美丽的、精彩的。

然而，在作为另一个世界的元宇宙之中，我们可以翱翔，可以成为电影的主人公。如果仅存在于 SF 小说、计算机图形中的虚构的、空想的世界作为虚拟空间出现在人们面前，想必任何人都会激动不已吧。

构建另一个世界的时候，无论是漫画，还是电影、游戏，所有的作品都是基于对现实世界的模仿。

虽然作家、创作者也进行这样那样的幻想，但是现实才是作品的基础。

为什么呢？那是因为如果作品与现实没有任何相似之处，人们就不能被作品的世界观所吸引而享受其中的快乐。

曾推出《龙樱》《宇宙兄弟》的佐渡岛庸平先生说过的一番话令我印象深刻。他说："描写 SF 故事的漫画情节如果过于离奇，就会失去读者。无论故事情节的展开具有怎样的跳跃性，出场人物的发型、所处的空间必须接近于现实世界。"

确实如此，无论是《鬼灭之刃》《咒术回战》，还是《新世纪福音战士》，出场人物都不是什么我们从未见过的外星人、怪物，而是与我们一样的人类。所以，虽然其故事情节具有跳跃性，几百万人、几千万人的观众还是能够醉心于其中，享受其中的乐趣。

人类如果不能找到与自己过去所知经验的相似之处，就无法被作品的世界观所吸引，共享作品的世界观。

我们如果用 CG 绘制世上不存在的事物，就要向人们一一去做"这个是车，是人类乘坐的交通工具"之类的说明，这样做的成本是巨大的。

因此，无论是在 VR 游戏中，还是在动画片、电影中，人们都是根据与现实世界的近似值绘制 3D 模型的。

各位不妨细心观察一下好莱坞的 SF 电影、游戏的影像。

其中的大厦、家具、汽车、武器的形状都应该与现实世界中的形状相似。

我们能够以什么样的精度构建"看似真实却是在这个世界上不存在的新世界呢"？这正是从事元宇宙设计工作的创作者大显身手的时候。

能够自动生成世界的程序化建模

"程序化建模"（procedural modeling）技术是一种利用 AI、算法（算式）自动生成 3DCG 的利基技术。

人们采用程序化建模时，无须使用照片、视频等实际的数据，仅通过算法的处理就可以进行 3DCG 建模。我们可以简单地理解为"机械地自动生成各种风景、造型"。

例如，我们事先让计算机针对"SF 风格""东京风格""美国风格"等进行学习，落实到算法之中，之后计算机就可以自动生成大型空间。在这里，即使是方圆数十公里的 3DCG 空间，也能一下子就设计完成。

在近年的在线游戏中，开放世界类的可以多人参加的游戏占据主流。

作为这种游戏的背景空间，如果全部使用手动方式进行制作，成本上不划算。于是人们会采用由 AI 自动制作，之后由人类进行微调的混动型（自动和人力相结合的）方式。想必在未来，由 AI 完全自动生成分身、空间的方式将成为主流。

基于算法进行自动生成的好处不仅是削减开发成本，还具有通过导入其他数据，把握促成 3D 空间灵活进化的扩展性的好处。

例如，如果能够得到过去 30 年间有关东京新建的大厦的数量、高度、设计等统计数据，我们就可以根据这些统计数据对 10 年后、20 年后、30 年后东京的景观进行预测，以 3D 模型的形式分别自动生成未来预测图，并加以对比。

如果我们佩戴上 VR 眼镜走遍整个东京的每个角落，那就更加容易做出模型了。

假设是通过手工一个一个地制作 3D 模型的话，将这样的处理进行大范围的推广是一件极为困难的事。

人们通过算法自动生成 3D 模型的时候，可以通过导入其他数据而赋予虚拟空间进化的灵活性和扩张性。

构建镜像世界 = 平行世界

在这里，作为一个关键词，我想简单地讲述一下"镜像世界"这个概念。

镜像世界是指城市、大厦、住宅、道路、桥梁、河川、树木等所有存在于现实世界中的事物在数字空间中的再现。现实世界与虚拟世界之间的关系宛如事物与映在镜子中的镜像之间的关系。

美国《连线》(*Wired*)杂志的创始主编、未来学者——凯文·凯利在2021年秋季出版了名为《5000天后整个世界与AI连接的"镜像世界"即将到来》(PHP研究所出版)的杂志。他认为，5000天以后，计算机、AI能够将世界上的一切事物都复制到数字空间之中。

Google Earth、Google街景地图利用的是通过卫星、无人机、车载照相机拍摄的视频、照片。

如果能够将安装在大街上的监控探头、人们的智能手机拍摄的数量庞大的数据都提供给AI供其学习，会出现什么样的结果呢？想必AI可以实时，或延时数秒通过对现实世界的复制构建虚拟空间。

计算机会将实时获取人们在空中、地面上拍摄的庞大数量的数据，作为大数据进行存储。那些大数据会被实时更新为虚拟世界（平行世界）。如此一来，超越人们想象的、研究人员所讨论的"奇点"(singularity，技术的特异点)就会到来。彼时，人类即使不发出任何指示，AI也会通过彼此协作构建下一个虚拟世界（平行世界）。

"周末去哪里玩呢？涩谷可能人比较多。轻井泽那边人可能比较少，乘坐新干线去那里吧。"

人们犹豫不定的时候，会查看最新的天气预报，输入关键词在Twitter上查看人们的帖子。

如果能够生成镜像世界的话，人们就没有手动搜索二维信息的必要了。现在涩谷有多拥挤，轻井泽是不是很拥挤，人们可以登录几乎是实时复制而成的镜像世界之中，自己体验一下就明白了（进一步说，如果能够做到这一点，或许也没必要特意乘坐新干线前往较远的轻井泽了）。

从自己的视角出发，登录镜像世界，如同在现实世界中那样在三维空间中徜徉。人们可以在三维空间中享受观光、购物的快乐。相比 Instagram、抖音，在领先一步的镜像世界中，人们的沉浸感会是相当美妙的。

这样就可以避免那种"美食博客上的照片特别棒，实际来到餐饮店里才发现环境相当狭小、差劲"的情况发生。餐饮店实地面积是狭小还是宽敞？菜品做工如何？这一切的一切都可以通过事先登录镜像世界调查清楚。

人们就会减少遭遇"走进餐饮店发现店内布置不合理，邻座顾客的说话声能够听得很清楚""交通极为不便"之类的令人不快的体验。未来，人们对于信息的利用会变得令人瞠目的聪明。

将来，托镜像世界的福，人类或许会成为不会遭遇失败的生物。

构建元宇宙的三种模式

在之前的章节中，我围绕构建元宇宙技术的发展及其可能性进行了讲述。

在这里，我想阐述一下构建元宇宙的方法。构建元宇宙的方法可以分为以下三种模式。

①先制作分身，接下来不断拓宽虚拟空间。

②先提供虚拟空间，再制作分身来不断充实虚拟空间。

③通过提供游戏、视频等娱乐内容，促进聚集起来的人们之间的交流。

GREE 的子公司 REALITY 发布了视频聊天服务。利用这种服务，登录虚拟空间的分身既可以在彼此之间展开交流，也可以进行直播。这种做法属于第一种模式。伴随用户的增加，REALITY 会不断扩大虚拟空间。

REALITY 可以保证分身们在位于虚拟空间中的三维、各种场所中自由活动。随着服务的升级，这个简单的视频聊天软件会不断向元宇宙进化。

《Cluster》《VRChat》的做法属于第二种模式。运营商在虚拟空间中设置令人赏心悦目的直播会场，并向人们发出"让我们快乐相聚吧"的召唤。初期设置的分身设计非常简单。

在这里，用户可以定制分身，如果分身的造型是人的话，可以对眼睛的形状和颜色做出选择。用户也可以使用在外部设计的分身。人们通过这样的方式构建元宇宙。

和《Fortnite》一样，未来有可能会问世的虚拟迪士尼乐园的做法属于第三种模式。不具有丰富且有杀伤力的内容、强大的资金筹措能力的企业是无法采取第三种模式构建元宇宙的。

总而言之，目前全世界的创业家都全力以赴地投身元宇宙的构建之中是不争的事实。我们也不应错过这样的时代潮流。

如今，在元宇宙这个舞台之上，如同 18 世纪的工业革命那样规模巨大的运动正蓄势待发。

第三章 创造世界的方法之二·生态系统

> 每个人在追求自己利益的时候,如同受到上帝看不见的手的引导一般,也会给社会整体带来利益。
> ——亚当·斯密

> 只有在能够画出上帝影子的时候,我的画作才算完成。
> ——伦勃朗·哈尔曼松·凡·莱因

决定成败的是"对世界的洞察力"

从这一章开始,我为各位讲述的是关于创造世界的方法的后半部分内容,即"生态系统"的创造方法。

首先我先给各位做一个提示,在这一章中有许多具有很强抽象性的、难理解的内容。我们生活的这个世界的复杂程度简直令人生厌。

在这章中,我会按照先拆解再重新组合的顺序进行讲解。原本针对那些跨越多个学科的内容,我想尽量以简洁的表述和逻辑进行概要说明。

即便如此,我们也不得不承认这本书所阐述的"创造世界的方法"这一主题是一个极为深奥的领域,一个耗费脑力的领域。

这一章是这本书最为重要的部分。如今,社会上有不少面向那些想要简单了解元宇宙市场的读者的入门书。然而,这一章的内容是其他书籍无法替代的,在这一章中充满了这本书的原创内容。

因此,在进入正题之前,我想阐述一下深入理解这一章的内容对各位的人生具有怎样的意义。

秋元康先生对世界的看法

步入社会后,我一直在忙于创业与公司的经营。因为工作的缘故,我有幸得到许多与曾创造出非凡成就的杰出人物进行交谈的机会。他们或是缔造几百亿甚至几千亿日元基业的经营者,或是操控巨额资金运转的投资家,或是创作出驰名全国作品的制作人,或是制作出热门歌曲的音乐人。

之所以能够取得成功,人们的看法大致分为两种。人们或者认为"那个人是天才",或者认为"那个人运气好而已"。我这个人好奇心很强,每次遇见这样的成功人士都会刨根问底地从各个角度不停提问,试图发现他们与普通人的不同之处。

听了他们的谈话之后,我发现他们有一个共同点,那就是他们"对世界的看法"与普通人完全不同。

他们能够准确地把握普通人并不了解的世上的规律。即使是在普通人眼中的"运气",他们大都能够发现其中存在的一定的规律。

打个比方,在漆黑的山洞中,普通人通常是一边用手试探一边前行的,而他们则是佩戴着能够准确地观察周边景象的夜视镜前进的。也就是说，与普通人相比，他们的洞察力具有压倒性的优势。

在众多人物之中，我认为最杰出的是秋元康先生。众所周知，秋元康先生在二十多岁的时候，作为制作人创立了日本的国民偶像团体"小猫俱乐部"（Onyanko Club），之后又为日本歌手美空云雀的《宛如流水》作词。后来，他又推出了女子团体 AKB，风靡日本全国。

相比其他商业领域，演艺、歌曲、游戏、电影等娱乐领域是受到运气所左右的、具有很强不确定性的领域。所以，即使仅能够轰动全国一次就已经是令人咋舌的业绩了，他竟然能够连续取得这样的佳绩。

他所取得的业绩是无法用运气好来解释的。为了找出他与普通人的不同之处，我曾经刨根问底地询问过他在推出热门作品之前曾做过怎样的思考。

他曾对我说："如果我们的内容被人们称作'那个'的话，我们就赢了。这就是我们的目标所在。"他的这句话尤其令我印象深刻。我们在和朋友谈论歌曲、电视剧、电影的时候，经常会有这样的对话场景。"哎，你看那个了吗？""嗯，是那个吧。"彼时，我们和朋友不必提及具体的名称，仅使用"那个"的称谓就可以进行交流的话，这个作品就算成功了。因此，秋元康先生为了推出这样的成功作品，会进行反推，对作品的题目、展现方式、内容、复杂程度、推广方式进行思考。

通过对秋元康先生作品的仔细分析，我发现其中隐藏着一定的成功规律。在设计作品时，他是以能够被众人谈论作为目标的。比如在提及某个歌曲时，人们会说"是那个大家一起跳舞的歌曲吧"。

他的作品歌词通俗易懂，旋律也相当简单，以至于任何人听上几遍都可以跟着哼唱。在这样的歌词、旋律之中，他会结合时代加入绝妙的沉淀感，人为地制造少许错位。

所谓"制造错位"就是制造少许的不协调感。这个"少许"也是关键所在，因为过度的错位会造成许多人无法理解作品，最终导致作品的滞销。秋元先生在制作作品时，以任何人都能接受的中规中矩的内容占据其八成，在剩余的两成中刻意制造不协调感。这种令人介意的不协调感会令人们记住作品，这样人们在与朋友交谈时，就可以展开"哎，你听那首歌了吗？""嗯，是那首吧"之类的对话。

秋元康先生热门作品的这种感觉绝非偶然，而是他在完美地理解了作品结构的基础上刻意制造出来的。这一点实在令人惊讶。

这个道理说起来很简单，但是要想做到这一点，人们既要为创作出男女老幼都能接受的内容而把握纵然时代发生变化依然能够打动人心的世界"普遍性"，还要准确把握随时代变化而变化的"流行因素"。

在被称为"如同赌博的世界"的娱乐领域中，竟然有人针对内容科学地总结出规律，从而努力创作具有再现性的热门作品，这实在令人惊叹不已。秋元康先生堪称对于世界具有出类拔萃的洞察力的人士代表。

包括秋元康先生在内，通过与各行业杰出人物的交谈，我发现他们与普通人不同，他们掌握了"隐藏在世界背后的规律"。当然，他们之中有的人是在无意识中行事的，也有人像秋元康先生那样将这种规律落实到了言语和逻辑层面。

然而，他们都具有一个共同点，那就是他们对世界具有超强的洞察力，相比普通人更熟知世上的规律，基于规律打磨出了只属于自己的成功模式。

从某种角度来看，他们的行为宛如赌博，但对于他们自己而言这并不是赌博。这恰恰就是许多人所认为的他们的"好运气"的本来面目。

这些取得杰出成就的人们能够把握隐藏在世界背后的规律。我们可以将他们的做法应用于现实社会的各种场景之中，不受规模大小的限制。也就是说，这既适用于只有10人的小团体、由1000人构成的组织，也适用于用户多达100万人的Web服务；既适用于娱乐项目、餐饮店、在线沙龙，也适用于IT企业的经营。

当然，应用范围越广，普遍性越高，抽象度也会成比例地提高。接下来，我将要给各位讲述有关生态系统构建方法的内容。如果我们能够熟练掌握这些内容，就可以将其运用于各种各样的场景。因此，那些怀抱在社会上取得重大成就梦想的读者，请务必耐下心来认真阅读。

各位如果可以一边具体对照自己的项目、组织、生意，一边进行阅读，效果会更好。

作为"生态系统"的世界与作为"空间"的世界

在这里,我再强调一下,我们提到"创造世界"时所指的"世界"具有两个不同的含义。

其一是指人类可以看见、可以通过五感进行感知的作为"空间"的世界。

其二是如同国家、社会、共同体那样存在于人类头脑中的作为"生态系统"的世界。

我们所生活的现实世界是由作为"空间"的世界和作为"生态系统"的世界两个部分构成的。

在上一章中,我已经阐述了作为"空间"世界的创造方法,那是具有浓厚的技术色彩的内容。我们要想创造作为"生态系统"的世界,就必须对人类、社会有深刻的理解。

以前我曾从事过这样的工作。那就是通过对大约 2 亿软件用户的评价进行数据解析,不断为服务商提供反馈。

当时,曾经有这样一个想法突然掠过我的大脑。"如果能够利用计算机进行各种各样的数据学习,我们不仅能够对现实世界中需要改善的问题进行回馈,甚至可以创造世界本身。"

从那以后,我一边思考需要用什么来创造世界,一边通过事业和组织的运营、产品的开发来不断进行实验。

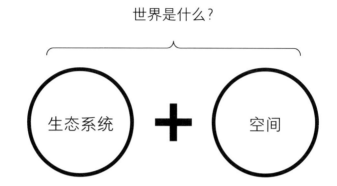

世界是复杂的生态系统的叠加

我们生活在被各种各样的生态系统所包围的环境之中,我们可以将每个生态环境分别作为一个世界来认识。我们所知道的最为巨大的世界是"宇宙"。"社会""国家"对于生活在那里的人们而言也是一种世界。"公司""学校"对于生活在那里的人们而言也是一种世界。

世界既有"自然界"那样的用肉眼可以看见的、有形的世界,也有 SNS 平台那样的仅存在于虚拟空间中的世界。

这些"作为生态系统的世界"非常复杂,却如同生物一样是个有机体,即使没有管理者依旧成立,从这个角度看,它又具有分散性。

在我的大脑中一直存在这样的疑问。"我们能否有意识地设计、构建生态系统呢?""难道世界只是偶然的产物吗?"

我曾经问过一位经营者前辈①："您认为人类能够人为地构建生态系统吗？"他不假思索地回答："那样的东西只不过是偶然的产物，人类无法刻意地构建。"

尽管如此，那个疑问依然萦绕在我的心头，挥之不去。如果生态系统是偶然的产物，那么人们日常的各种活动就如同不断掷骰子那样的赌博，无力感油然而生。

古时候，人们都认为"灾害、饥荒是出于上天之手"。如今，伴随着科学的进步以及人们的努力，人们已经弄清发生灾害、饥荒的机制。

现在，人类已经不再依靠咒术师施魔法，崇拜迷信，而是可以做出科学的预测，可以在一定程度上事先采取应对措施。

如果有一天，人类能够在虚拟空间中设计、构建生态系统，世界肯定会变得更好。

我们不必在现实的环境中过度、无序地开发，可以利用元宇宙这个虚拟空间进行实验。我们可以通过在元宇宙空间中进行各种各样的模拟，为确保现实中地球环境的安全而提供有益的信息。

我认为那些怀抱"让世界变得更好"梦想的人们，只要沿着正确的方向持续努力，推进元宇宙的开发工作，就一定能够为全人类做出贡献。

---

① 在日本，人们有比较鲜明的等级观念。在学校、工作单位里，比自己入学、入职早的人是自己的前辈，反之，比自己晚的人则是自己的后辈。在日常生活中，在言谈举止方面，后辈要注意保持对前辈的尊重。——译者注

改变世界＝构建新的生态系统

我们常常能够听到"改变世界"这个说法。有不少人认为"如果自己有能力，就一定要改造社会，改变世界"。

在这里，人们所说的"世界"恰恰与"作为生态系统的世界"的含义相同。"改变世界"是指"改变我们自己生活的生态系统的结构"。

"我们生活的世界存在太多的问题。通过对问题的改善，可以让世界变得更好。"我们这样想非常正常，但是一旦付诸行动，就会遭遇非常大的障碍。

有人会通过武装发动政变，夺取一个国家的控制权。这会引起革命。在当代世界中，这样的做法会造成诸多的不幸，不具有现实性。一方即使通过政治派系之争，获得了更多支持者的选票，持反对意见的另一方依然会心存不满。如果人们彼此各执己见，相互对峙，陷入难以自拔的泥潭，那只会带来时间、精力上的无谓消耗。想必那些政治家、看到过企业内派系争斗的人们会支持我的看法。

那么，现在我们要想改变世界，采取什么方法最有效呢？

我们可以提出有关新的生态系统的假说，然后对其是否成立进行证明。对于改变世界而言，这可以说是捷径。

相比于现实世界，如果元宇宙中的生态系统的设计更高效的话，这可以给许多人带来好处吧。届时，人们非但不会对元宇宙中的生态系统持否定态度，越来越多的人还会产生亲自参与构建虚拟空间（另一个生态系统）的想法。

过去的人们，围绕有限的土地资源彼此不断展开争夺。然而，到了现代社会，世界的一大半已经成为与土地无关的社会性的"概念"。企业、组织、共同体、集团这些概念也只存在于人们的意识之中，与物理空间并无任何关联。

那么，想要改变世界的人们，从克服现有世界所存在问题的角度出发，思考新的生态系统的模型，实际构建一个虚拟空间（另一个生态系统）就好。

改变世界 ≈ 构建新的生态系统

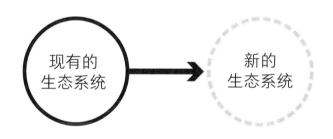

人类通过武力冲突、区域紧张争夺领土、领海，耗费时间、精力谋求世界的主导权的行为实在是无聊。与既得利益者发生冲突，游说公司的上司简直就是浪费时间。

为避免上述问题的发生，我们创建自己理想的新世界就好。我们可以构建一个类似于独立王国那样的世界。

我们可以在元宇宙中创建生态系统，然后向现实世界中的人们发出"要不要来这边加入我们"的邀请。我们如果采取这样的做法，既不会给任何人造成伤害，也不必夺取别人的领土、领海和财产。

不过，要想实现这一点，我们必须掌握构建新的生态系统的诀窍。如果我们只是在口头上讲述元宇宙的概念，大声强调自己的主张，任何人都不会理会我们。那些想要改变世界的人首先必须从零开始学习构建生态系统的方法。

无论参与到新世界中的是十个人、几千人还是几千万人，我们要想让一个"世界"发挥功能是要遵循普遍规律的。我们需要在理解了这样真理的基础上，面向社会的各个方面不断进行推广。

说来有些不好意思，我以前一直认为只要有坚定的意志，就能改变世界，就能做到任何事。现实情况当然不是这样的。那是因为，我们仅凭个人的意志力仍无法办到的事情也是存在的。

我自己也曾一度深深地感到绝望，陷入颓废的状态之中不能自拔。我们想要改变世界的理想和世界发展变化的现实是毫无关联的、完全不同的事物。

令我感到个人的意志力最无法挑战的是社会生态系统的力量。社会的运转完全与个人的理想无关。社会拥有强大的惯性（惰性），这种力量完全可以碾压个人的意志力。

然而，如果我们能够了解并且有效运用超越个人意志力的生态系统的力量，就可以看到完全不同的风景。我们如果创造了新的世界（生态系统），就可以与现实世界（现实社会）战斗了。

在这一章中我所讲述的"创造世界的方法"堪称是帮助人类对抗当前令人束手无策的现实、命运的"武器"。那些想要改变世界的人士，请务必拿起这样的武器，努力去实现自己的理想。

其实除了用于创造元宇宙以外，上述创造世界的方法还有许多的使用场景。作为领导可以用于组织的管理，运营共同体的人可以用于为共同体增添活力，提供服务的人可以用于服务的推广。

想必那些对元宇宙概念比较陌生的人们，结合现在自己所置身的各种世界（组织、共同体、环境、行业、服务）进行思考，就会容易理解了。

健全的生态系统的特征

接下来，我们就要进入正题了。

大致来说，健全的生态系统具有以下三个特征。

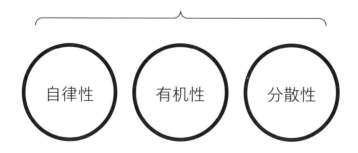

生态系统的三个特征

① 具有自律性

健全的生态系统具有自律性。即使没有任何指示、命令，各个参与者也都具备自行思考、行动、不断改善的能力。生态系统并不是根据来自外部的指示运转的,而是如同具有一定方针的团体那样运转的。自律的运转就是生态系统运转健全的一个证据。

要想实现生态系统的自律运转,就必须维持所有参与者都熟知生态系统内部的规则,各个参与者了解自己应该采取的行动状态。

②具有有机性

各个参与者通过彼此协作构成一个生态系统的整体。也就是说,生态系统具有有机性,这一点也很重要。

由数量令人难以置信的细胞聚集在一起,相互作用就构成了有生命的生物。与生命一样,生态系统也是由参与其中的人们一边交流,一边构建而成的。

由于生态系统具有有机性,参与者之间一直保持着彼此之间的交流。即使有新人加入,有人退出,也不会丧失统一性。即使有人进出,生态系统依旧会如同以前一样保持运转。

③具有分散性

生态系统具有分散性。"分散"的反义词是什么?应该是"中央集权"。在中央集权式的生态系统中,一直都要有发出指示的司令塔。一旦失去司令塔,这样的生态系统就会陷入极度混乱之中。

分散式的生态系统不需要司令塔。虽然没有指挥官,生态系统却依然能够不停地运转。

我们可以进行直观观察的、最为健全的生态系统就是"自然界"。自然界具有自律性、有机性和分散性,没有司令塔。作为参与者的动植物在其中各司其职。

虽然每个生物为了生存会各自行动,但是它们完美地维持着一个巨大的环境。时时刻刻都有生物的死亡与诞生,时时刻刻都有参与者的新陈代谢,自然界发展的脚步从不停歇。自然界整体持续运转着。

人类社会如同自然界的劣化复制品。伴随时代的发展、反复的试错,人类社会的结构日趋复杂、高级。然而,人类社会尚不具有自然界那样的复杂性和灵活性。

我们用自己的双手构建元宇宙生态系统的时候,可以以"构建如同自然界那样的生态系统作为目标"推进我们的工作。

针对个人魅力的向心力与生态系统的惯性

为什么"具有分散性"的生态系统运行得更好?

事实上,要想构建聚集很多参与者的团队,最快的方法是凭借吸引人的个人魅力。

有着强烈的愿景、容貌端庄且才华横溢的个人魅力,会吸引周围的人。以个人魅力为中心组建团队的方法,可能被认为是一种捷径。然而,这种方法犹如兴奋剂。依赖个人魅力的团队虽然崛起的速度很快,但结构非常脆弱是它的一个弱点。

个人魅力实质上是这个团队最大的要害之处。因为只要打击其个人魅力，就可以阻止这个团队的发展。一旦遇到个人魅力上出现丑闻、丧失激情、才华枯竭、失去魅力等情况，团队就会不可避免地走向灭亡。

因此，以个人魅力的向心力为支撑的团队是短暂的。因为参与者都依赖个人魅力，所以每个人都不会产生自主地进行思考与行动、改善整个团队的自律性。

在创建初期，构建人数较少的团队时，依靠个人魅力是一个快速而轻松的方法。但是，如果继续依靠个人魅力来扩大团队的规模，就会遭遇困难。人们虽然可以吸引具有接近自己属性的人，但是难以吸引那些平时不接触的、具有不同价值观的人。因此，这种团队的规模是注定做不大的。

反之，如果具备了自律性、有机性、分散性，这样的团队会是怎样的呢？这样的团队具有与依靠个人魅力的团队完全相反的性质。

在团队之中，参与者各司其职，为了自己的利益而自主地思考、行动。这样的团队作为一个整体会越来越繁荣。

在具备自律性、有机性、分散性的团队之中，即使没有拥有个人魅力的人，参与者们也能如同网络那样彼此协作。因此，这样的团队不会发生因为某人消失，而走向灭亡的情况。这样的团队作为一个整体，具有强大的"惯性"，能够不依赖特定的人而存在下去。

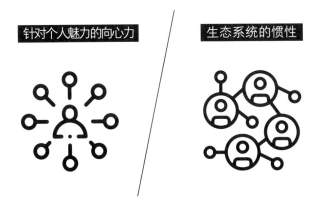

不过，人们要想构建健全的生态系统，必须具备所有的复杂因素。要实现这一点，需要花费较长的时间。

基于这一点，我们可以采取先依靠针对个人魅力的向心力在短时间内构建团队的母体，之后逐步向具有生态系统特点的团队转型的战略。这是一种兼顾二者长处的战略。

纵观历史，我们就会知道存续一百年的伟大企业几乎无一例外都是依靠个人魅力起家的。为了谋求具有个人魅力的人退出经营、消失以后企业的持续发展，人们将具有个人魅力的人的经营诀窍以"标准化"的形式继承下来。这样，企业就可以持续发展一百年、两百年。

生态系统的作用与价值的种类

接下来，我会围绕"生态系统"的"作为场所的作用"、人们在"生态系统"中进行交换的"价值的种类"进行阐述。

简单地说,生态系统就是人们"对有价值的事物进行交换的环境"。在这里所说的有价值的事物既可以是商品那样的有形事物,也可以是信息、视频那样的无形事物。

凡是参与者认为具有价值的事物,都可以在生态系统中进行交换、交易。在自然界中,动植物为了维持生存会进行"能量"的交换,人们在消费经济中,会进行"商品与服务"的交易,在金融经济中,会进行股票、不动产等"金融资产"的交易。在SNS之中,人们通过交换"信息"构建生态系统。

在由人类构成的"社会"这个生态系统中,人们所交换的价值大致可分为三种:①实用价值、②感情价值、③社会价值。

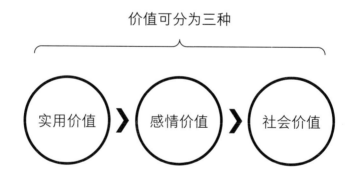

①实用价值(有利可图,有用)

说起具有实用价值的事物,最直观的就是在现实生活中有用的商品、服务、信息。实用价值就是人们在市场上交易的商品;餐饮店、宾馆所提供的服务;人们在金融市场上交易的股票、不动产等的经济价值。对人们来说,有用的、有利可图的事物都具有实用价值。

②感情价值（能够产生共鸣，具有积极性）

感情价值对于生活没有直接的意义，也不会带来利益，但是却能给人类的感情带来积极的影响。

关于这一点，各位想象一下娱乐业，想必就会很容易理解了。比如，我们观看现场表演、听音乐的时候，并不能直接获得任何利益。我们虽然不能获得利益，但是会在情感上得到满足而产生幸福感。所以，人们才愿意为这些活动付费，比如购买演出票。

人们并不总是单纯出于喝酒、吃饭的目的才去酒吧、餐饮店的。有时，人们是想要见朋友、自己熟悉的常客，才前往这些地方消费的。这种行为与实用性无关，是用来满足人们特殊的情感需求的。这也是情感价值的一个特点。

③社会价值（能够为整个社会带来好处）

在最后，我讲一下社会价值。对于自己所参加的团队整体有好处的事，对每个参与者而言也是有价值的事。这被称为"社会价值"。

例如，我们做志愿者或者做捐赠的时候，不会给自己带来直接的好处。但是，只要这样的行为有利于整个社会的秩序与繁荣的话，我们愿意付出时间、精力、金钱。人类就是这样思考问题的生物。

这三种价值的大小并不相等，排序是"①实用价值＞②感情价值＞③社会价值"。

从我们切身的感受来说，人类面对对自己有用的事物能够最强烈地感受到价值。人类处于衣食住的需求尚未满足、无法维持正常生活的状态时，很难为获得感情价值而花费金钱。如果不是一个生活富裕的人，也不会对做志愿者、做捐赠产生兴趣。这就是现实。

然而，伴随人们变得越来越富裕，排序会发生从"①实用价值＞②感情价值＞③社会价值"到"①实用价值＜②感情价值＜③社会价值"的转变。

如今，在社会上，影响力投资（追求做慈善与获取利益双赢的投资）、云基金非常活跃。人们超越了为自己牟利的经济合理性，想要为整个社会的改善做贡献。这是人们相比实用价值、感情价值，越来越重视社会价值的一个表现。

SDGs（Sustainable Development Goals，联合国"可持续发展目标"）、环保措施也是基于这样的潮流。想必在未来，相比实用价值、感情价值，社会价值的比重会变得越来越大吧。

生产者（创造价值的人）
与消费者（感受价值的人）

在生态系统中进行价值交换的参与者大致可分为两种。

第一种就是负责制造、供应我在前面所说的三种价值的"价值的生产者"。第二种是针对"价值的生产者"提供的价值进行购买，以视觉、听觉进行感知、做出评价的"价值的消费者"。

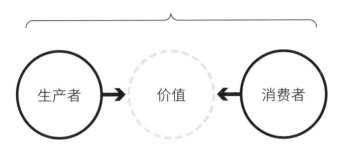

这里所说的"生产者"与"消费者"是指"创造价值的一方（生产者）"与"感受价值的一方（消费者）"。相比种植蔬菜、水果的人和购买商品的人，"生产者"与"消费者"具有更为广泛的含义。

例如，在需要进行能量交换的自然界中，"生产者"是能够进行光合作用的植物，以植物为生的动物则是"消费者"。

在社交媒体上，进行直播的人，拍摄、上传精美图片的、书写有趣帖子的用户是提供有价值信息的"生产者"。查看他们的帖子和留言、提出个人看法的用户就相当于消费信息的"消费者"。

在在线沙龙、社团里，负责策划的人是"生产者"。通过参与其中，享受快乐的人就相当于"消费者"。我们可以将生态系统的参与者按照其发挥的作用大致划分为"提供价值的人"和"消费价值的人"。

在多数情况下，生产者的人数并不是很多，而消费者的人数之多具有压倒性。

参与者的两面性

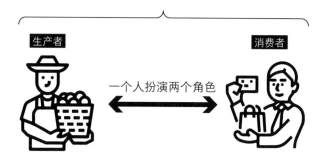

我们无法对生产者与消费者进行明确的划分，因为根据具体情况，生产者有可能会变成消费者，消费者也有可能会变成生产者。具有这种两面性的生态系统会变得越来越健全。

在现实的经济社会中，我们可能是负责生产商品、提供服务的生产者。然而，下班回家之后，我们又会展现出作为购买商品和服务的消费者一面。

在雅虎拍卖、煤炉（mercari）①等二手交易软件上，卖东西的人

---

① 煤炉是当今日本最大规模的二手交易平台，该平台创建于2013年，拥有针对智能手机的C2C（个人与个人之间的电子商务）二手交易App，此外还提供针对书籍与CD的"KAURU"以及针对品牌类商品的"MAISONZ"服务平台。——译者注

也会买东西。一个人在社交媒体平台上发布信息时，他是生产者，在查看别人发布的信息时，他是消费者。

如此，我们无法对参与者的属性进行明确界定。根据情况不同，其作用会发生变化，即参与者具有两面性。一个参与者可以发挥两种作用。于是，在生态系统之中，那三种价值的交换会变得越发活跃，生态系统也会变得日益强大。

生态系统的起点位于"生产者"一方

在大多的生态系统之中，"生产者"都居于起点的位置。如果生态系统不存在可供交换的价值，这样的生态系统就不会成立。能够创造某种价值的生产者是否会参与到生态系统中来，是人们构建元宇宙那样的新生态系统时遭遇的最初障碍。

在自然界中，首先出现了能够通过光合作用制造能量的植物（生产者），之后直到很晚的时候，消费能量的动物（消费者）才出现。

对于那些寂静无声的社交媒体平台，想必没有人想要参与其中。对于那些门可罗雀的购物中心，想必也鲜少有人想进去购物。

先创造价值的生产者参与进来，之后被他们所创造的价值所吸引，消费者会聚集过来。在元宇宙中构建生态系统的时候，我们按照这样的顺序进行推进具有重要意义。

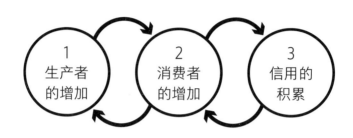

生产者位于起点

"先有鸡还是先有蛋"的问题

我们都知道需要吸引生产者率先加入的意义，但是要实现这一点并不容易。为什么呢？那是因为如果能够创造价值的生产者看到在共同体中没有能够消费他们创造出的价值的消费者，他们是不会参与进来的。

假设我们构建了一个新的社交媒体平台，向某位有名的网红发出了"请您一定要参与进来"的邀请。在这位网红看来，加入

"先有鸡还是先有蛋"问题的突破方法

自己成为生产者来吸引消费者	招揽兼具二者功能的人
向生产者提供有吸引力的工具	"免费利用"其他生态系统

没有什么用户的社交平台不会给自己带来什么好处。我们除非拿出高价钱，否则这位网红是不会作为生产者参与到我们的社交平台中，发送有价值的信息的。

这个问题就是有名的"先有鸡还是先有蛋"的陷阱。如果没有能够提供价值的生产者，消费者就不会参与。反之，如果没有消费者，生产者也不会参与。

因为人们难以解决这个问题，所以构建新的生态系统的工作具有相当高的难度。鉴于这项工作的难度，我也能够理解为什么人们持有"只有上帝才能创造世界。如果认为上帝不存在，那么世界只不过是偶然的产物"之类的观点。

面对"先有鸡还是先有蛋"的问题，虽说没有完美的解决方法，我通过对过去多个事例的观察还是发现了几个突破口。在这里，我为各位介绍四种具有代表性的方法。

1. 自己成为生产者来吸引消费者

最简单的方法是，想要营造生态系统的本人自己成为生产者，提供价值并吸引消费者。接下来，可以采取向其他生产者开放生态系统的方法。

日本人经常使用的日本亚马逊网站就是一个典型的例子。当初，日本亚马逊自己作为商品的卖家借了仓库，向消费者销售商品，构建了庞大的客户基础。接下来，其他零售店来到日本亚马逊网站平台开店，为了能够销售商品而灵活地变更店铺的设计。

在日本企业中，日本任天堂的做法最为接近日本亚马逊。任天堂向市场推出了 Famicon 和 Game Boy 等游戏机，自主开发了《超级马里奥兄弟》《俄罗斯方块》等软件。接下来，该公司依托庞大的客户基础，实施了将开发软件业务外包给外部的游戏公司（生产者）的战略。就这样，该公司在世界范围内成功构建了巨大的"游戏生态系统"。

这种方法有两个优点。第一个优点是可以快速启动。第二个优点是作为生产者通过持续不断地向消费者提供价值，既可以熟知消费者的需求，也可以将自己公司的诀窍分享给其他生产者。

当然，这种方法也有缺点。不是每个人都能像亚马逊那样，一边忍受着巨额赤字，一边展望未来继续前行。能像任天堂一样制作出爆款游戏的企业也是凤毛麟角。自己作为生产者的有限能力是一个巨大的障碍。

2. 招揽兼具二者功能的人

生产者和消费者具有不同的属性。招揽二者同时参与到生态系统之中是一件困难的事，这阻碍了生态系统的构建工作。

那么，我们是否可以考虑首先邀请"既是生产者又是消费者"那样的参与者呢？这是在具有双向性特点的互联网服务中常用的做法。人们在构建社交媒体和交易平台时，招揽这样的参与者堪称一张王牌。

在很多社交媒体上，投稿者同时也是读者。在二手商品交易软件上，卖家有时也会成为买家。

有些参与者既是提供价值的生产者，也是消费者。在初期阶段，如果能够招揽这种类型的参与者，即使数量不多也能营造出生态系统的活跃气氛。在生态系统成立之后，即使只发挥生产者作用的人，或者只发挥消费者作用的人后续参与进来，二者的需求也能得到满足。

但是在一些领域中，这个方法是行不通的。比如，对生产者方面的专业性和资格有很高要求的领域就是如此。人们想要构建医师与患者之间的医疗服务时，作为消费者的患者，绝对不能发挥作为生产者的医师的作用。总之，在消费者和生产者的属性差异太大的时候，第二种方法会遭遇失败。

3. 向生产者提供有吸引力的工具

从某种意义上说，这是与第一种方法完全相反的方法。人们可以通过向能够创造价值的生产者无偿提供他们想要的信息和工具，在短时间内将生产者聚集起来。

采取这种方法而获得成功的事例中，最有名的要数 Instagram。Instagram 现在已经发展成为世界上最大的社交媒体平台。对于 Instagram 问世初期时的用户来说，Instagram 只是一个可以用来过滤照片的加工软件而已。

但是，那些"想让照片看起来漂亮"的人（生产者）都一拥而上开始使用 Instagram。伴随他们将加工过的照片不断展示给其他人（消费者），Instagram 从单纯的照片加工软件发展成了社交媒体平台。

以前人们虽然可以使用 Photoshop 等有偿软件随心所欲地对照片进行加工，但是软件的价格高达几万日元，还必须准备数码相机和电脑。如今，人们仅用一台智能手机就能拍摄照片，简单地进行加工，并将其上传到网上。Instagram 正是从向抱有这种愿望的人无偿提供工具起步的。

4. "免费利用"其他生态系统

这种方法有点狡猾，我们可以借助已经存在的巨大生态系统的力量，让自己发展壮大。我们可以通过利用其他生态系统，享受那些生态系统所拥有的好处。想必这种有意识地借助别人力量的做法是有效的。

经营民宿的 Airbnb 借助地区公告板的 Craigslist，迅速找到了想要出租房子的顾客。对 Airbnb 而言，这可以说是寻找有房要出租的顾客的一个捷径。据说这是 Airbnb 很早就取得成功的原因。

另外，早期的 Google 在万维网（World Wide Web）上随意运行网络爬虫（在网络上巡逻的机器人）来收集信息，并在搜索结果中显示出来。因为当时这个领域是著作权法的灰色地带，所以该公司的这种做法招来了许多官司。

在对著作权比较敏感的日本，人们对"Google 的做法涉及灰色地带"的认识很强，企业没有认真地投资这个领域。

第四种方法的缺点在于它依赖其他生态系统。如果我们被其他生态系统拒之门外，就会无计可施。因为这是一种粗糙的方法，所以能够使用的场景很有限。

生态系统设计者的工作

假设我们比较顺利地将生产者与消费者聚集起来,仅是这样,生态系统还不能成立。在生态系统中如果没有这两种参与者自发地进行价值交换的机制,生态系统难以为继,终将走向灭亡。所以,对于从事生态系统设计的创造者而言,为了确保在生态系统中顺利地进行价值交换,必须为参与者提供下述的各种功能。

生态系统设计者的工作

- 生产者与消费者的匹配
- 信用的可视化
- 规则与惩罚措施的策划、设置
- 提供促进自助努力的机制

1. 生产者与消费者的匹配

自不必说,在生态系统中,我们需要构建一个促进生产者提供的价值与消费者的需求相匹配的机制。

另外,伴随生产者所提供价值种类的增加,必须在迎合消费者的喜好便于其查找方面做出努力(提高搜索性能)。我们需要在生态系统中构建向消费者推荐符合其需求的生产者与价值的机制（推荐机制）。

日本亚马逊总是根据消费者过去的购买行为为消费者推荐"下次可能想要购买的商品"。利用这种功能，消费者可以省去寻找商品的麻烦，价值交换的频率也会提高。

2. 信用的可视化

这一点可以说适用于所有生态系统。在生态系统中，绝对需要一种参与者信用的可视化机制。在生态系统中，不断会有新人参与进来，人们如果不知道交易对象是否可信，就会出于害怕而不敢采取行动。参与者既有可能是恶毒的骗子，也有可能是不怀好意的人。

为此，我们需要引入参与者在生态系统中相互进行评价的机制。我们可以事先确定信用可视化指标，构建所有参与者都能看见的机制（引入评价制度）。

实际上，当各位在网上购买商品时，也会一边看其他买家的评价、商品的口碑信息，一边做出判断吧。

在阅读社交媒体平台的帖子时，我们会一边看投稿者的粉丝数量，一边做出"这个账户似乎不是机器人""这个人的意见似乎可以相信"的判断。在现实社会中，我们也会根据餐饮店的米其林星级数、酒店是三星还是四星之类的指标做出各种各样的决定。

伴随这样的信用信息的积累，新的参与者就越发容易做出各种判断。如此一来，参与者的决策成本会不断下降，人们在生态系统中的价值交换就会变得越来越活跃。

如果收到不好的评价，这个参与者就很难在生态系统中继续活动了。因此，评价和口碑信息的可视化可以发挥震慑恶意行为、维护生态系统内部秩序的作用。

3. 规则与惩罚措施的策划、设置

那么，我们应该如何处理那些不遵守约定或者对其他人造成伤害的参与者呢？这也是创造生态系统的人们必须考虑的问题。有个说法叫作"恶币驱逐良币"。这个说法是有道理的。在生态系统之中，我们如果对于伤害了他人的人放任不管，想必那些善良的参与者就会立刻离开这个生态系统。

对于那些虽然菜品很好吃，但是有一些顾客大喊大叫的餐饮店，我们会产生"顾客素质太低，这家店很不安全"的感觉而决定再也不去这家店就餐。想必很多读者也有这样的经历。在公司或者社团里，如果那些给别人造成麻烦的成员不会受到任何惩罚，那些能力强的成员就会迅速退出。

在构建生态系统的时候，我们需要制定所有参与者都必须遵守的、明确的规则。如果参与者能够相互信任地进行交易，就可以没有任何不愉快地、安心地驻足于生态系统之中。

如同国家有法律，学校有校规那样，共同体也必须要有规则。不遵守规则的参与者将会受到惩罚，根据情节还有可能被驱逐出生态系统。如果这些规则能够为所有参与者所熟知，并得到贯彻，

生态系统的秩序就能够得到保障。

4.提供促进自助努力的机制

生态系统的优势在于,伴随参与者的自发努力,整个生态系统会得到蓬勃发展。为此,我们需要为那些欲望强烈、有进取心的生产者创造一个更容易取得成果的环境。

在生态系统中,参与者的动机可以说是多种多样。有人认为"维持现状就很好",有人则渴望"进一步发挥自己的能力,获取更多的机会"。

我们需要向那些有抱负、有进取心的生产者提供满载知识与秘诀的程序,免费提供工具,从背后支持他们,援助他们开展各种活动。

近代国家的教育系统就是一个通俗易懂的例子。国家针对所有国民实施义务教育,面向各个专业领域开办了大学。国家这样做的目的在于从整体上提高国民的素质。企业也会为将来有可能成为干部的年轻员工制定特别的培训计划,甚至会拿出公司的费用,供员工去海外留学取得MBA(工商管理硕士)学位。如此一来,这些员工自然会不断提高工作效率,努力为公司贡献力量。

将生态系统视为一条生命

假设我们已经将生产者与消费者聚集在生态系统之中,在生态系统中实施了信用的可视化,也实现了价值的顺利交换,生态系统也取得了蓬勃发展。

接下来,我们需要做的是正确地观察生态系统的运转状态是否良好。想必阅读到这里的各位读者已经有了这样的感悟。我们完全可以将生态系统视为一条生命。

从结构上看,在灰尘、石头那样无生命的物质,动植物那样复杂的生物之间存在着巨大的差异。仅由个人聚集而成的团体和已经开始健康运转的生态系统之间,同样也会有差异。一般来说,生命具有以下特征:

生态系统≈生命

代谢结构	相互作用
恒定性	自我组织化
全息分形	成长与进化

1. 代谢结构(让价值循环)

这是一个通过摄取能量不断循环的结构。在生态系统中是指通过交换价值而不断循环的结构。

2. 相互作用（参与者彼此之间进行交流）

这是一个细胞之间相互发生作用的、有机的网络。在生态系统中是指参与者之间进行价值的交易、交流。

3. 恒定性（任何人的退出都不会给整体带来变化）

这是一种通过反复的代谢、细胞的新旧交替来保持同一性的属性。在生态系统中是指即使有新人的加入或者现有参与者的退出，生态系统依旧会持续运转。

4. 自我组织化（人们可以自由地制定规则、培养文化）

随着信息量的增加，秩序会自然地建立起来。在生态系统中是指伴随生态系统参与者数量的增加，就会自然地形成分工，也会自然地产生规则。

5. 全息分形（小团体聚集在一起组成大团体）

全息分形的英语是"holonic fractal"。"holonic"是指"个体与整体趋向有机协调的情形"，"fractal"是指"将个体分解之后，分解后得到的部分与原来的个体具有相同的形状"。

在著名的俄罗斯套娃中，人们可以通过层层打开外面的人偶，得到里面的人偶。相对较大的部分是由相对较小的部分组成的。在公司内部，由许多的构成部，再由许多的部构成整个公司。即使规模发生变化，结构也是永远不会变的。我认为采用俄罗斯套娃那样的结构构建元宇宙中的生态系统是最理想的，即由许多的小团体不断地组成大团体。

6. 成长与进化（在适应环境的过程中，不断变得复杂）

通过反复代谢不断成长，在适应环境的过程中不断变化。在反复地进行价值交换的过程中，生态系统日趋成熟，为适应外部环境而不断变化。

具备以上六个特征的生命结构被称为"耗散结构"。拥有庞大数量参与者的生态系统与生命具有同样的特征。

构建生态系统的工作类似于抚育孩子长大成人。这绝不可能一蹴而就。我们必须细心观察孩子的成长状况，必要时还需要定期采取补救措施。如同抚育孩子成长的父母一样，我们也必须半永久地悉心维护整个生态系统。

如何强化生态系统？

我们要想通过日常的观察、反复地改善使生态系统变得越来越强大，就必须加强下列各个方面的工作。

1. 价值的重叠

之前我曾讲述过价值可以分为实用价值、感情价值、社会价

强化生态系统的措施

价值的重叠	促进交流
确立层级	确保流动性
确保不确定性	

值。在实际生活中，有些参与者对于价值的感知方式比较模糊，他们有时会将两种甚至三种价值看作是一种。

当然，能够交换各种价值的生态系统如同磐石一般更为坚固。根据生态系统的成熟度不同，所处理的价值也会发生变化。

最初，有些人是出于"可以赚到钱"的理由开始工作的，但在不知不觉中，"被别人感谢时所感受到的无比愉悦"却成了工作的动机。也有人出于"喜欢和那里的人们交流"的动机就加入这些人一起工作。

2. 促进交流

当然，参与者之间的交流越活跃，生态系统就越牢固，成长的可持续性就越强。

遇到难事时，参与者之间会互相帮助，遇到不懂的事情时，大家会一起讨论。参与者之间一旦形成了这样的关系，无论遇到什么问题，都可以通过自己的力量去应对。

因此，生态系统的设计者有必要为参与者设置彼此交流的场所，并且尽量加大人们交流的频率。这有利于促进生态系统的成熟。

如今，具有一定规模的公司肯定会举办员工旅行、股东大会、工作告一段落后的宴会等。以前，在村落里，人们也会全体出动举行各种祭祀、仪式。

3. 确立层级

层级一词来自英语的"hierarchy"，hierarchy 有"层级""序列"的意思。一般认为，这是一个带有负面含义的单词。不过，恰恰因为存在层级，参与者之间更容易进行交流，更容易构建彼此的关系。

在公司等组织内部、家庭中、町内会[①]那样的社区组织中都有明确的层级。

以"总经理""部长""町内会长""家长"为主轴，参与者之间形成了金字塔型的关系结构。

如果细心观察一下现实世界、社交媒体平台，我们就会发现层级无处不在。考生以偏差值[②]为主轴构成一个关系结构。如同投

[①] 町内会是市町村下面的基层自治组织，一般为传统街坊的居民自治组织，不属于行政机构范畴，类似于中国的居委会。目前，日本全国共有近 30 万个町内会。——译者注

[②] 所谓偏差值，是指相对平均值的偏差数值，是日本人对于学生智能、学力的一项计算公式值。偏差值反映的是每个考生在所有考生中的水准排位。在日本，偏差值被视为评价考生学习能力的标准。计算公式为：个人的偏差值 =[（个人成绩－平均成绩）÷标准差]×10+50。通常以 50 为平均值，100 为最高值，25 为最低值。高考考生偏差值在 50 以上的属于较好成绩。偏差值在 60 以上的可以上较好的大学。——译者注

资家是根据运用资产的金额，经营者是根据公司的规模，YouTuber是根据频道注册会员的人数那样，各个领域的人们会根据特定的指标被划分层级，从而形成一个关系结构。

人类是一种很自然地就会产生层级的生物。如果没有层级，人类会弄不清自己和别人所处的位置有什么区别。如果人们认为"层级扭曲了社会"而对层级敬而远之的话，构建彼此关系的时候反而会花费更高的成本。

4. 确保流动性

通常在一个健全的生态系统中，价值交换会比较频繁，交流会比较活跃，评价也会在短时间内得到更新。在生态系统中，人们确保这样的"流动性"具有重要意义。流动性越高，生态系统越活跃；反之，流动性越低，生态系统越低迷。

例如，如果占据优势的人的地位被固化，永远不会动摇的话，在新的参与者看来就无利可图了。看到资深参与者高高地坐在占据优势位置的懈怠样子，新的参与者就会拒绝参与进来。于是，整个生态系统就会变得门可罗雀，迅速走向衰败。

对于生态系统是否保持着流动性，生态系统的设计者必须认真观察。在发现阻碍流动性的重要因素时，生态系统的设计者必须在分析之后迅速做出应对。

5. 确保不确定性

不确定性是存在于生物本能中的性质。生物置身于具有不确定性的环境时，其注意力会加强，活动也会变得活跃。

在原始时代，人类遭遇自然灾害，受到来自其他动物的威胁简直就是家常便饭。

一直以来，人类为了适应环境，提高生存的概率进行了不懈的努力。同样，当生态系统的外部环境、内部环境的变化变得剧烈时，生态系统整体也会变得活跃起来。

置身于毫无变化的环境中的生物会停止进化的脚步。与此同时，生态系统也会逐渐衰退。

为了保持生态系统的活跃，我们可以采取各种各样的方法。我们可以频繁地举办活动，为人们增加接触平时接触不到的信息的机会。我们也可以创造接触原本距离自己很远的参与者的机会。我们还可以人为设定对参与者来说不确定性事件的发生概率。

吸引个人参与者的方法

作为补充，我们也可以利用吸引个人参与者加入生态系统的技巧。

目前，人们将植根于生物本能和大脑机制中的技巧广泛应用于热门的服务、游戏、共同体之中。

1. 随机反馈

人类具有这样一种特性，那就是当自己的行为得到各种不同

吸引个人参与者的方法

随机反馈	设定可能达成的目标
逐步提升难度	社会性相互作用的可视化

提供取得进步的真实感受

的反馈时,大脑就会产生受到奖赏的感觉。这是人类觉得游戏很有趣的原因之一。在原始社会中,人类曾经生活在具有不确定性的自然界的正中央。这是那个时代遗留下来的功能。当自己的行为可以得到不同的反应时,就会对各种反应产生关注。这是人类的一种习性。

大部分游戏都被融入了随机反馈的因素。赌博,如柏青哥[①]、赛马、海外的赌场都是典型的例子。人类会本能地沉迷于不可预知的游戏中。不过,来自奖赏机制的刺激具有很强的成瘾性,所以必须小心防止被别人滥用。顺便说一下,人类最容易对每尝试三到四次就能够得到一次好结果的事情上瘾。

---

① 柏青哥是日本的一种弹珠游戏机,最早出现于1930年的日本名古屋,目前在日本非常流行。玩法是把小钢珠弹射到盘面里,小钢珠在落下过程中会不断碰撞盘面上的钉子,从而改变轨迹,最终若是能落入指定的位置,就能获得奖励。——译者注

2. 设定可能达成的目标

人类具有这样的习性,那就是如果眼前的目标有可能达成,人类就会产生挑战一下的想法。所以,我们做一件事时,如果总是将目标进行细分、可视化处理,就会比较容易地坚持下去。在减肥、健身的时候,我们要想坚持下去,就不要设定过高的目标,而是设定稍加努力就可以达成的目标。

3. 逐步提升难度

伴随当前要做的事的难度越来越高,人类会变得越来越热衷、执着。这也是人类的一个特性。人们在打游戏时,第一关总是很简单,伴随不断地通关,难度会变得越来越高。人们会感到越来越有趣,最终会长时间地一直打下去。

4. 社会性相互作用的可视化

因为人类是具有社会属性的生物,所以不能把周围人对自己的看法视而不见。因此,仅是将"别人正看着自己"的状态进行可视化处理,人们就会不由自主地介意起来。

在社交媒体平台上,如果能够显示页面浏览量(PV)、获得"点赞"的数量,我们就会产生查看一下的想法。在学校里,老师仅通过将学生的考试成绩张贴在走廊的做法,就可以大幅提高学生的学习热情。

如果"现在有人正看着自己"的状态是可视的,那么我们就很难将注意力转移开。人类所具有的这样的习性会体现在生活的方方面面。

5. 提供取得进步的真实感受

针对"自己正在不断进步"的真实感受，对于人们将这样的行为继续下去具有非常重要的意义。积累小小的成功经历会给人们带来自信，这样的积累能够使人愉悦，促进人们坚持下去。

这种做法被应用于餐饮店面向会员的盖章卡、给参加做广播体操的人盖章卡、收集贴纸能够领取餐盘的"山崎春季面包节"活动、社交游戏中的登录奖金等方面。

按照当今流行的说法，我在这里介绍的五种技巧属于游戏化（gamification）的手法。这些都是将游戏创作者的设计手法应用于其他领域时衍生出来的市场营销方法。

人们或是提供能够存储积分的软件、卡片，或是事先准备许多款道具供大家争相收集。总之，我们越是能够合理地引入游戏的因素，共同体就会变得越活跃。

我们需要通过将世界的普遍真理与这些能够刺激人类本能的技巧相结合来创造可持续发展的生态系统。

到现在为止，我在这本书中所阐述的推动"作为生态系统的世界"的具有普遍性的技巧，不仅仅局限于元宇宙领域。

元宇宙的生态系统如同将我们所生活的现实社会置于两面相对放置的镜子中间时所看到的世界。

第三章　创造世界的方法之二·生态系统

构建世界手册

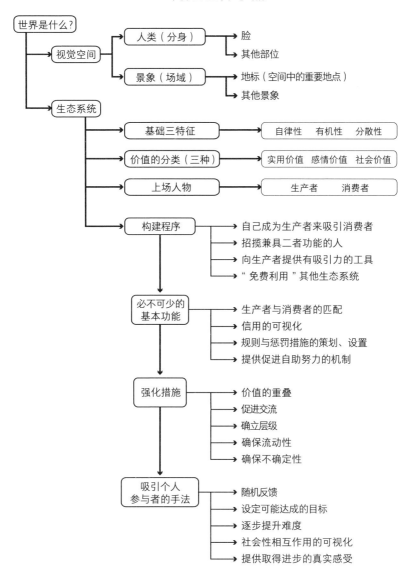

生态系统实现有机进化的瞬间

假设我们已经按照之前阐述的构建了生态系统的主要方法、补充技巧成功地建立起了一个新的世界。那么，我们应该在什么时间点启动这个生态系统比较好呢？

如同水会结成冰那样，一个系统完全转变成另一个系统的现象被称为"相变"。生态系统也会发生"相变"。

通常，我们从事工作的时候，如果能够发现问题并加以改善，就会取得更好的成果。

然而，对于构建生态系统而言，这个方程式并不适用。在生态系统中，如果大多数的要素并不齐备，我们仅通过日常的工作做出小改善，则无法获得与付出的努力成比例的成果。

但是，在某个时间点，在必要的机制得以构建完成之时，生态系统一旦开始健全地运行，这个由无机质构成的系统一下子就会变成有机的生命体。

生态系统成立以后，参与者之间的自发性交流就会不断加速。如此，生态系统就会形成一定的自律性。那些以前保持谨慎态度的人也会主动参与交流。

或许那些曾经做过组织管理工作的人或者主持过在线社区的人有过这样的经历。

向有机的生态系统进化

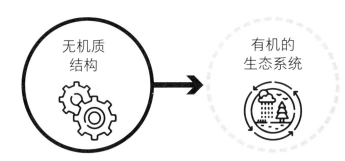

此外，随着生态系统的成熟，设计者就会渐渐失去用武之地。

最终，生态系统可以脱离设计者，进入自主运行的状态。犹如那些曾经在深夜中高声啼哭的婴儿逐渐长大，在高中毕业后离开父母开始独自生活[①]一样。

生态系统开始具备自律性、有机性、分散性，参与者会吸引新的参与者加入，参与者的数量会呈指数增长。

另外，伴随参与者之间的价值交换越来越活跃，信用信息也会积累更多。与此同时，参与者之间的交流成本会迅速下降。

如此，生态系统想必会进入与"先有生产者，才会有消费者；先有消费者，才会有生产者"的两难境地正相反的良性循环之中。

最终，参与其中的人数、积累的信息将直接构成生态系统的价值。这被称为"网络效应"。产生这种效应的生态系统将会拥有强大的稳定性和惯性。

[①] 在日本，许多人会在高中毕业后离开父母在外面租房居住，开始独立生活。这种情况与中国大为不同。——译者注

生态系统设计中的要点

我在这一章中对生态系统的基本机制和构建方法进行了阐述。不过，我们必须承认构建生态系统的工作并不容易。

即使是知识渊博的人，如果不能正确地把握用户的不满与需求，也会对市场产生误判。我们需要准确地把握时代与时机，这一点相当重要。

那么，最重要的事情是什么呢？就是人类想要创造一个比现在更好的世界的意志。这听起来或许有点唯心论。在之前的章节中，我曾经说过仅凭意志力是无法创造生态系统的。不过，我们必须承认，如果没有坚定的意志，那也不可能创造出生态系统。我之所以这样说是因为生态系统中存在结构性的问题。

生态系统不会伴随设计者的反复改进而取得直线发展。生态系统会在所有要素相契合的时间点开始指数增长。因此，即使在没有取得任何成果的日子里，开发者也必须不断地进行改进。没有人能预测实现指数增长的一天什么时候到来。这一天永远都不会到来的可能性也是存在的。

如果只考虑经济合理性，那么针对元宇宙项目的投资可能是不划算的赌博。为了继续构建元宇宙，我们人类需要有"无论花多少年的时间都要构建出生态系统"的强烈意志。这种意志不能从别人那里借来。

逐步进化成为生态系统

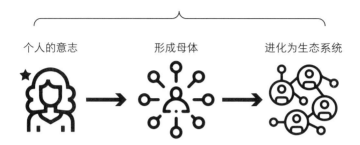

个人的意志　　形成母体　　进化为生态系统

除此之外，还需要超越经济合理性的设计者意志、构建生态系统所需的"知识"以及即使没有取得成果也会持续改进的"耐心"。构建新的生态系统是一项涉及神领域的艰辛工作。

创造世界成为未来的工作

读到这里，或许有些读者会认为创造世界是能力一般的人无法胜任的工作。然而，我并不这样认为。

近一百年可以说是逻辑思维能力受到最高评价的时代。人们会借助科技的力量将偶然现象落实到理论上，然后对这样的理论进行通俗易懂的解释。各领域的专家、研究人员在各种情况下都在做这样的努力。

经营、金融、组织、人事、营销等各个行业的第一线，都需要人们基于逻辑思维进行整理、预测，采取行动。于是，擅长逻辑思维的人们开始大显神威。

然而，伴随各行各业都开始注重逻辑思维能力，人类迎来了只有逻辑思维能力难以实现价值的时代。

我们所处的现代被称为"VUCA 时代"（乌卡时代），VUCA 是用 Volatility（易变性）、Uncertainty（不确定性）、Complexity（复杂性）、Ambiguity（模糊性）的首字母命名的。这个潮流如同熵一样不可逆转。全球化、科技进步的进程越快，VUCA 的趋势就会越强。

不过，伴随 VUCA 趋势越来越强，生态系统也会发挥越来越大的威力。为什么呢？那是因为如前所述，越是处在复杂、不稳定、不确定的环境中，生态系统就越容易发挥作用。即使在外部环境、内部环境发生剧烈变化的时候，依然能够灵活应对，维持同一性、恒定性。这正是生态系统的结构。

我们可以将生态系统比作"在一切的一切都被浊流冲走时依旧屹立不倒、从容地继续旋转的水车"。

未来，伴随全球化、科技进步进程的加速，想必在社会的各个方面人们只掌握根据逻辑进行整理、改进的能力是远远不够的，人们还需要掌握在理解世界与人类的普遍真理的基础上创建生态系统的能力。

人们需要根据客观事实对眼前的事件做出分析之后，对未来做出预测。思考成功概率最高的行动计划，并付诸实施。这就是逻辑思维能力。换个说法，我们也可以说是"在对各种事件进行抽象化处理的基础上，将具体的行动反馈到现实世界中"。

在现代社会中，逻辑思维已经成为标配了。但是，在那之前的人类看来，逻辑思维就是如同魔法一般的技能。

然而，人类在习惯了运用逻辑思维能力之后，对思考的深度也逐步提高。

未来构建生态系统，我们必须在把握现实世界结构的基础上，再现具有相同概念的生态系统。完美再现现实世界结构的构建生态系统能力，通过对现实世界的分解，对局部进行改进的逻辑思维能力向上兼容那样的技能。

想必在未来，不仅那些怀抱"想要改变世界"的特殊愿望的人们需要掌握构建生态系统的能力，那些想要成为组织领导的人们作为基本素养也需要掌握这样的能力。

作为眼中"空间"的世界

到目前为止，我所使用的"世界"一词是指"作为生态系统的世界"。在这里，作为对第三章内容的总结，我会再次提及创造"作为空间的世界"的话题。

虽然和在第一章、第二章中论述的内容有些重复，但是还是请各位阅读一下。

随着互联网的普及，对于以往只存在于人们认知中的"作为概念的世界"，人们使用个人电脑和智能手机的二维画面轻松地实现了可视化。我们可以通过社交媒体和网站线上服务一目了然地认识到多种多样的、健全的生态系统的存在。

未来，伴随 5G 和 6G 的普及，想必人类可以实现相当于现在的数十倍到数百倍的通信速度吧。如果 VR 和 3DCG 得到普及的话，任何人都能够以虚拟的形式创造作为"空间"的世界。

如果人们在虚拟空间中能够过上与现实世界无异的生活，那么"创造世界"的含义就会进化为字面意思所表达的创造与现实一模一样的"生态系统"和"空间"的水平。

无数的多维平行世界

让我们一起展望一下未来吧。今后伴随从 5G 到 6G 再到 7G……通信环境会不断改善，计算机的计算能力也会不断提高。届时，人们可以实时地轻松地操作那些以往无法操作的高质量图像。

我作为个人实验制作了一段影像。我在对从卫星上获取的地球观测数据进行机器学习之后，让 AI 自动生成了地面的 3D 模型。这是东京市中心某处的再现影像。影像中的内容全部是通过 AI 和 3DCG 制作的虚拟影像。

此次，我利用从卫星获取的地面静止图像、DEM（Digital Elevation Model＝数字高程模型）、DSM（Digital Surface Model＝数字表面模型）进行机器学习，让 AI 自动检测出地面上的构筑物，并根据算法自动生成了地面景物的 3D 模型。

此外，我还采用 3DCG 技术自动再现了石头、玻璃、铁、植物等的质感，并将其组合成了一个系统。因为目前正处于实验阶段，所以精度还很低，但是从理论上来说，只要是在从卫星上可以观测的范围之内，做到自动生成世界上所有的景观并非不可能。

接下来我会进一步让 AI 学习现实世界的所有信息，在虚拟空间中重建世界。我会将这个世界的 3D 模型免费供大家使用。这是我现在所设想的近未来的愿景。

如果任何人都可以使用这项技术的话，那些以往需要几十、几百名创作者和工程师聚集在一起，花上几个月时间才能制作出来的 3DCG 影像作品，就可以免费、轻松地制作出来了吧。

如果 VR 等设备得以普及，就像创建社交账号一样，可以轻松创造出能以假乱真的虚拟世界。人们可以邀请朋友进入虚拟世界，可以在日常生活中开展各种各样的活动。此时，人们就会拥有接近于电影《黑客帝国》和《头号玩家》中那样的世界观。

如果使用区块链的技术，人们既可以赋予虚拟空间上的资产

（财产）稀有价值，也可以将在元宇宙中自己创造的东西转化为金钱，实现价值。

对于从小就看YouTube，玩着"Fortnite"长大的下一代来说，熟练使用Unity等游戏引擎，创造自己喜欢的虚拟世界，和朋友一起享受其中的乐趣应该是小菜一碟。有才能的孩子，会凭一己之力快速制作出像现在好莱坞电影一样的影像，让大人大吃一惊。

包括我在内的成人们都了解那个不存在网络、人们相互争夺作为唯一世界的物理空间的时代。我们现代人有着在两种对立的结构中思考的习惯。

人们分成各个派系，互相争吵，争夺领土，攻击与自己想法不同的人，进行非黑即白的对决。几千年来，人类一直重复着对绝无仅有的"土地"这一物理世界的争夺。

但是，如果人类能够在无限的虚拟空间中自由地创造世界，世界就不是唯一的物理空间了。世界层层重叠，多元地并存。每个生态系统都不会受到过度干扰，多样化的生态系统会取得蓬勃发展。

如果普遍接受多元化世界的元宇宙原生代成为社会的主流，以前遭到人们白眼被称为"少数人群"的这类人的社会地位会不断提高。

"多数人群和少数人群根本不需要对立。不同的世界可以并存"的想法将会成为理所当然的价值观。

在物理学的宇宙假设中有个"多元宇宙"的概念。这个概念是指宇宙不只有我们生活的这一个物理宇宙，而是有多个宇宙并存。

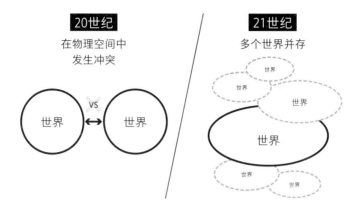

与此相同，人类认知上的世界也应该会多种多样，平行重叠，无限延展。

在平行出现的多个"世界"中，人们会根据各个不同的世界区别使用多个"人格"。在未来社会中，这种行为可能会变得非常普遍。实际上，人们已经在现实世界和社交媒体平台中区别使用不同的人格了。在推特和 Instagram 等不同的社交媒体平台上，每个人都会扮演不同的角色。

"Individual"这个词是由具有否定含义的"in"和具有可分割含义的"dividual"组合起来的，意思是"不能再分割的最小单位的存在＝个人"。

不过在未来，个人跨越多个世界，区别使用多个人格将会成为稀松平常的事。Individual（个人）这个词的用法也会脱离词源。

科技进步并未止步于让现实世界变得更加方便的水平，而是已经达到可以创造世界本身的高度，成为寻求对社会和人类进行再定义的巨大力量。今后，人类将迎来想象力和创造力无限扩展的时代。

人类是如何看待"作为空间的世界"的呢？对什么感到真实，对什么感到虚假？这是一个和设计生态系统一样有趣的主题，针对这个主题，人们每天都有新的发现。

如果不考虑"创造世界"的话，我们完全不会在意自己是怎么看待这个世界的。其实我们自己想知道的事情，就在自己的认知之中。这可能就是人们常说的"灯下黑"吧。

当我们创造出比我们生活的这个物理世界更具魅力的、能融合生态系统与空间的虚拟世界时，有什么样的未来在等待着我们呢？

我想全身心地享受到达那里的过程。

第四章 从竞争的世纪步入创造的世纪

艺术创造规则,而不是规则创造艺术。

——克劳德·德彪西

人类被处以自由之刑。

——让-保罗·萨特

村上龙的小说《希望之国》

在第四章中,我想对元宇宙背后的思想和哲学进行深入的阐述。

从 1998 年到 2000 年在月刊《文艺春秋》上连载、2000 年夏季发行单行本的村上龙的小说《希望之国》(文艺春秋)引发了人们的热议,成为了当时的畅销书。

小说描绘了 2001 年的日本,经济萧条加剧,股价暴跌。在阿富汗边境附近作战的少年士兵(现在所说的伊斯兰士兵)对着 CNN 的摄像机说了可怕的话。

"那个国家什么都没有,已经是个死掉的国家了。"

这里所说的"那个国家"指的是日本。那个少年士兵竟然是赞同伊斯兰激进组织的、从日本来到巴基斯坦的日本人。

"已经是个死掉的国家"这种绝望的断言在社会引发了反响,

多达 80 万的中学生抵制上学，实施集体罢课。擅长互联网科技的"ponchan"虽然只是一名初中生，却开办了一家名为"ASUNARO"的创业公司，并且取得了成功。

这家公司利用手中的现金，在北海道到处购买土地，打造了一个独立自治的国家。少女们通过 IT 项目和风力发电赚钱，还在"日元"之外创造了自己的货币。她们在北海道创立了只属于自己的新国家。

这部书的日文原名《希望の国のエクソダス》中的"エクソダス"（exodus）来自旧约全书中描写犹太人逃出埃及的《出埃及记》。小说中的少女们真实演绎了圣经中描绘的国外逃生剧。

在元宇宙时代，即使年轻人感到"日本什么都没有，已经是个死掉的国家"，也没有必要特意"逃到"偏远地区或无人岛上。人们不被现实世界的规则所束缚，在元宇宙的空间里创造出自己的世界就好。

迄今为止，在政治、经济、社会等领域都上演着守旧势力与新兴势力之间的争斗。老一代和新一代基于对立的看法，在现实世界中争夺土地和利益。

恐怕堀江贵文先生的这一代是执着于这种争斗的最后一代人。堀江贵文先生曾提出收购电视台和职业棒球队的计划，但最终因为守旧势力的阻挠而破产。

如果能够构建虚拟空间，堀江贵文先生就没有收购日本富士电视台、日本电视台、职业棒球队的必要了。我们无视热衷于争夺派系的旧一代，自己创造一个完全不同的世界就好。

我们可以把至今为止被认为是"常识""惯例""规则"的东西全部抛弃，从零开始创造只属于自己的世界，"逃离"自己不喜欢的现实世界。

通过实践来实现《希望之国》是元宇宙的精髓所在，也是相信元宇宙的人们的理想。

人类不断向边远地区挺进

在现实的资本主义世界中，人们已经开始针对有限的"蛋糕"展开了零和游戏般的令人身心俱疲的竞争。

如果有人是胜利者，就必然有人是失败者。将一正一负相加，就得出合计（sum）为零的结果。一直以来，人类社会重复着这种毫无意义的争斗。如今，发达国家相信自己会永远持续发展、工人可以像牵引马车的马匹一样一直拼命工作的时代即将结束。

从 2021 年春天开始，在中国的网络上开始流行一个叫作"躺平"的词。人们完全没有想拼命工作攒钱购买高级公寓或法拉利的欲望，也不想结婚、生育，只要能维持过得去的生活水平就满足了。在经济快速发展的中国，怀着这种想法的人正不断增加。

早期的人类本来就不习惯于定居于某个地方，早期人类不是农耕民族，而是狩猎民族。在那个时代，人类总是追求新的、未开拓地带，寻找食物。人类冒着风险前往偏远地带时，可以开动脑筋，发挥最高的能力。生命的本质是流动的，停止就有可能导致衰退。

第四章　从竞争的世纪步入创造的世纪

在日本，被称为"neet①"（啃老族）、"单身寄生虫"、"草食系"的年轻人变得更加厌世，2021年"父母扭蛋"这个令人讨厌的新词也成为了流行语。

自己出生在什么样的家庭，父母是否高收入、高学历，完全由神来安排。父母几乎决定了孩子人生的好运气和坏运气，就像做扭蛋游戏。这是个具有令人厌恶含义的新词。

即使父母收入低、学历低，或者由单身母亲抚养长大，也不意味着孩子在社会上就不能成功。但事实是有越来越多的人已经厌倦了竞争，他们认为"自己的人生就这样了"。

"在现实世界中，已经没有未开拓的地带了。"

"如果人类还想继续发展经济，地球环境会遭到无法挽回的破坏，全球变暖也会加速，人类将会走向灭亡。"

由于这种危机感，SDGs、ESG（Environment, Social, Governance＝环境、社会、公司治理）等指标在世界范围内被广泛接受。

然而，席卷当代的去增长趋势不会一直持续下去。产业革命类的例子自不必说，一直以来，人类都是依赖技术进步取得发展，开发未开拓地带的。这可以说是人类的一种本能。

如今留给人类的未开拓地带是宇宙空间和虚拟空间。喜爱新事物的人类会本能地朝这个方向发力的。埃隆·马斯克进军宇宙空间，扎克伯格进军虚拟空间都是必然的事。

在开发虚拟空间时，人们没有必要通过零和游戏来击败其他

---

① Not in Employment, Education or Training 的略称，用来指不工作、不学习也不接受职业培训的年轻人。——译者注

人。在虚拟空间中,人们也没有必要向别人分享有限的资源来克制自己的消费。人们也可以通过分身对容貌和出身等进行重置。

人类诞生之初,世界就已经"存在"在那里了。一直以来,努力开拓"现有的世界",适应它并活下去就是人们的人生。如果人类能够构建元宇宙的虚拟空间,那么世界就会变成"自己创造的东西",在人们中间就会发生宏伟的范式转变(世界观的转变)。

在过去的几百年、几千年里,哲学家和艺术家积累的睿智结晶、科学家研究出的物理定律、近年来3DCG创作者的工作成果宛如千层饼一样堆积在我们面前。而我们需要做的是在继承这一切的基础上完成"在元宇宙上创造世界"的任务。

我们如果将"创造世界"比作拍摄一部电视剧,那么迄今为止的科学研究和二维互联网的发展相当于"刚刚写完剧本"。人类只是站在"创造世界"的起跑线上,接下来才是正式行动。拍摄工作从"预备,开拍!"的吆喝声开始,在"咔!"的吆喝声中结束。从现在开始,作为这本书的读者,各位也可以成为构建元宇宙这部大剧的导演。

未来人类构建新世界犹如创建推特账号

现在有不少人拥有多个推特账号。在公司上班的商务人士或者公务员,如果用实名、露脸的方式自由地发言,可能会在短时间内收到来自众多阅读者的评论。有些人不希望熟人、朋友甚至家人知道自己的账号。在这种情况下，他们只需1分钟就能在推特上开通一个新账号。一个人创建10个或者20个账号也没有问题。

想必在今后15年以内，人们应该可以做到如同创建社交账号那样简单地创造出只属于自己的三维世界吧。每个人都拥有原创的三维空间和自己分身的时代即将到来。电影《龙与雀斑公主》的内容成为现实的一天已经不再遥远。

规模庞大的平行世界随处可见，它们彼此之间相互影响。人们可以从世界A瞬间移动到世界B，世界A和世界B也可以共同策划有趣的活动。多元的平行世界将永不休止地进化，直至达到人们无法理解的水平。

在《龙与雀斑公主》中，面对作恶的龙，守护者（自警团）们商定"让我们一起打败那个家伙吧"，就齐心协力向龙发起进攻。在推特上也能看到交流从二维进化到三维，达到了令人难以置信的复杂程度。

工作压力大的时候，有人会登录小号（匿名的账号），诽谤中伤或攻击某人。那样的人可能拥有5个或10个账号，灵活地使用身份。

既有战斗模式的分身（人格），也有在现实世界中感到疲惫的、特意在虚拟世界中悠闲休息的分身。人们的精神结构将会进一步细分，人们会在元宇宙中展示自己的思想。

当生活在多个虚拟世界已经成为再正常不过的事情时，人类的身份和精神就会发生变化，变得与现代人完全不同。

自从人们开始熟练地用智能手机使用推特、Instagram、抖音以来，现实世界的价值相对下降了。在现实世界中，在咖啡店与自己一起喝咖啡，在餐厅与自己一起用餐的人会变少，在虚拟世界中与自己展开交流的网友却可达几千、几万人。

明明是夫妻二人或带着朋友一起来吃饭，却完全不与眼前的人交流，甚至都不会对视，入神地盯着智能手机画面的情况也不少见。有些人会在前往附近的便利店之前对着 Instagram 化妆。

我认为，元宇宙中三维虚拟空间构建完成之时，现实世界的价值将会下降到现在的大约十分之一的水平。

元宇宙给个体带来的变化

作为元宇宙开发的结果，人们构建出来的并不是某一个巨大空间。也就是说，作为结果出现的不是 uni（单一）verse（universe），而是 multi（多重、多个、多元）verse（多元宇宙）。多个虚拟世界平行存在。

研究量子力学的学者一直主张"除了我们人类所生活的宇宙之外，还有无数个多元宇宙存在"的假说。

他们认为有许多四维、五维、六维、七维……的多元宇宙连在一起。现实的宇宙空间不是 universe 而是多元宇宙。对于这一点我不理解。

但至少在虚拟空间中，应该有几亿个互不干涉、彼此独立的元宇宙存在吧。在 A 先生登录的元宇宙中，A 先生可以作为总统来统治这个世界。

在 B 先生登录的元宇宙中，他可以为了应对世界粮食危机，作为全世界的农业创业 CEO 而努力。在 C 先生登录的元宇宙中，电影《星球大战》中所展示的战斗场面会无休止地展开。各种层次的元宇宙会不断出现。我们会无意识地在工作人员、学生、普通人之间灵活地切换自己的身份。

和家人在一起的时候，就不会展示自己在工作单位或者学校里的样子。和亲密无间的朋友在一起的时候，就可以用轻松的语气交流。在工作单位时，我们可能担任部长、课长等职务，需要保持一定的"威严"。

在一个人里面有各种各样的"自己（分人）"。作家平野启一郎在著作《我是谁：从"个人"到"分人"》（日本讲谈社现代新书出版）中提出了"分人主义"的观点。

随着元宇宙的推广普及，想必人们在虚拟空间上也会作为"分人"来行事吧。在空间 A、空间 B、空间 C 中，人们的性格和职业都各不相同，交往的朋友也完全不同。在今后 20 年至 30 年中，人类的多人格化应该会以惊人的速度发展，并将实现可视化。

真实的自己是什么？外表与内心的密切关系

随着在元宇宙中个人身份的变化，我们就会产生一个疑问。

那就是"我们真的了解自己是什么样的人吗？"

想必有人会说"那还用问，自己当然了解自己"。在此，我也想请这样的人重新思考一下。

如果自己的脸和现在不一样的话，如果身高比现在高 10 厘米的话，如果声音比现在低的话，如果性别和现在相反的话，大家的性格会和现在一样吗？

由于难以往前追溯进行尝试，所以我们不能对这些"如果"进行验证。不过有许多人不这么看。一个人的性格、个性、人格与身体特征紧密相关，而且根据生活环境的变化而发生变化的可能性很高。

假设有一位身高 180 厘米的日本男性。日本男性的平均身高是 170 厘米左右，所以他比周围男性的身高要高，从事篮球和排球等运动时会占有一定优势，或许能够大显身手。在此基础上，可能会形成"自信""开朗活泼""好胜"的人格。

但是，如果他所成长的环境不是日本而是荷兰的话，结果会怎样呢？荷兰男性的平均身高是 183 厘米，身高 180 厘米的他比平均身高要矮。

在很多身高超过 190 厘米的人从事的篮球和排球运动中，他的身高不仅不占据优势，甚至还处于劣势。那样的话，他还会形成刚才那样的人格吗？至少他自己认为自己的特长中应该没有"身材高大"这一项。

实际上，人类的内心不仅受到与生俱来的先天因素影响，还同时受到环境等后天因素影响，这两种影响交织在一起形成人类的人格。

也就是说"人格会受到身体特征的制约"。如果人格和身体之间具有密不可分的关系，那么人们被从身体中解放出来的时候，自己也不知道自己到底会形成什么样的人格。

或许现在我们自己的人格是受到身体特征的制约而形成的，自己真正的人格并不是这样的。

针对外表与人格这个问题，我们在元宇宙中经常可以看到一种有趣的现象。因为在元宇宙空间中，人们可以自由设置分身，所以中年男性自然也可以选择美少女的分身（实际上这种情况相当普遍）。

如果人们只是用文字方式进行聊天，从表面上无从了解对方真实的性别，如果使用变声器，男性也可以发出女性的声音。据有过这种实际体验的人说，一旦把自己的分身装扮成美少女，周围的人也会以对待美少女的方式来对待自己的分身，如此一来，自己的内心中也会逐渐产生"如同美少女"的心态。为满足周围人们的要求，自己在动作和言语中也会逐渐展示与分身相匹配的"可爱"。

这是"内心受到外表制约"的典型例子，也可以说是"自己在无意识中扮演周围人们所需要的角色"的被环境所左右的例子。

通过上面的例子，我们可以想象今后人们在元宇宙中拥有多个分身时，由于人格会受到外表特征制约，人们会形成各种各样的新人格。

如果外表的身体和内心的人格之间密不可分的话，那么就会出现"多宇宙、多分身、多人格"的多重结构。

现在，我们也在学校、家庭、公司、社团之间灵活地区别使用着不同的人格。面对公司同事和家人时表情会不同，面对交往了几十年的发小儿和最近刚认识的朋友时表情也会不同。

想必许多人在 Instagram、推特、抖音中所展示的性格都略有不同。

在元宇宙中，在各种不同的环境中使用不同人格的"分人主义"趋势会不断加强。人们在不同的世界中有着不同的外表，塑造着不同的人格。而且各种人格不会相互造成影响，可以同时存在。

打造有魅力人格的技巧

多重人格可能像感觉统合失调症一样被消极地视为一种精神疾病。

但是，我们可以想象，在可以选择空间和外表的下一代中，每个人都是多重人格，拥有了根据空间和外表区别使用不同人格的技能。未来的优秀人才有可能成为善于塑造有魅力人格的人。

我喜欢的艺人中有一个名叫"Jarujaru"的二人组合。这个组合几乎不表演相声，而是采取了制作大量不同场景的小品，每天上传到 YouTube 上的做法，已经获得了 130 多万的粉丝关注。

令我惊讶不已的是他们的"角色创造能力"。根据不同的场景，他们设计了几十个极具品位的（性格鲜明的）角色并亲自进行表演，在不同的小品中游刃有余地塑造了性格各异的人物。

如同用户在评论区所写的那样，在特定角色出现的时候，那个角色具有什么样的性格，会使用什么样的口头禅，会做出什么样的回应，只要是看过一次的粉丝都可以做出预测。

他们在小品系列化方面也做出了努力，扩大各种场景的应用，让自己创造的角色彼此之间进行合作。虽然自始至终参加表演的只有两个人，但乍一看如同拥有几十名演员的剧团在表演。

此外，他们扮演的角色本身也具有各自粉丝的多重结构。从这个意义上说，这个二人组合可以说是"创造有魅力人格的天才"。

未来在元宇宙中，人们如果能根据不同的分身选择身体的话，像 Jarujaru 那样"创造有魅力人格"的小众技能备受关注的时代就一定会到来吧。届时，会有许多人加入以往只有漫画家、作家、制作人等少数人才能从事的工作之中。

这种情况类似于随着智能手机和 Instagram 的普及，普通人也开始思考以往只有摄影师才会思考的照片构图、效果、后期加工等问题，以及伴随 YouTube 和抖音的普及，普通人也开始思考以往只有制作节目的广播作家和现场导演才会思考的内容结构、尺度、信息等。

因为人类是可以快速适应环境的生物，所以如果元宇宙、原生代成为主流的话，人类也应该能够接受这种变化。

如果非要用现有的东西做比喻的话，我觉得人们如同使用印在名片上的"职务"一样区别使用"人格"的世界观将会得到推广。

印在名片上的"职务"所表示的是"××公司的××部××

课长""××大学×系的××"之类的写在名字前面的社会属性。

以前在社会上,每个人都只有一个职务。如今,伴随多职业化和副业化的发展,一个人拥有多个职务(虽然不能说很普遍)的情况并不少见。在未来,想必人们会如同使用不同的名片那样,根据不同的环境轻松地区别使用不同的人格吧。

"个性差异"这一负的侧面

不过,我们不得不承认,人格、性格是个非常难以琢磨的问题,很难通过努力去改变。因为人格、性格深受先天因素的影响,难以进行因素的分析。

人格、性格与聪明与否、智能高低基本上没有任何关系。想必有人看过许多诺贝尔奖获得者在 YouTube 上发布的信息,但认为那些信息很有趣的人应该很少。

我曾经向佐渡岛庸平先生请教过创作有趣漫画的方法。

在那之前,我一直认为故事的严密性最为重要。可是,佐渡岛先生却回答说漫画中的"角色"才是最重要的。对于他的回答,我惊讶不已。因此对于当时的情形,我至今仍记忆犹新。

他认为,在多数情况下,漫画只要能够推出吸引人们的角色,即使故事稍微粗糙一些也不会有什么问题。

能够创作出魅力十足的角色的漫画家极少,想必深受人们喜爱的漫画家都是做到了这一点。对于他的解释,我深感赞同。

在此，请各位回想一下那些畅销的漫画。在《龙珠》《海贼王》《这里是葛饰区龟有公园前派出所》《鬼灭之刃》等作品中，从主人公到坏人都是魅力四射的角色。

可以想象，人们通过构建元宇宙从现实世界的制约中获得解放的时候，类似在漫画中发生的情况也同样会发生。不过，与漫画中的角色不同，我们自己的"角色"与自己的身份问题复杂地纠葛在一起。这是相比外貌、学历、职业，更为敏感的根本问题。

有些人生而貌美，有些人生而身材高大，有些人生而擅长运动。他们在现实世界中容易获得各种机会。如此，这些天生拥有各种优势的人与没有优势的人们之间就会产生显著差异。

同样，在元宇宙中，拥有天生受到人们喜爱的角色的人会受到各种机会的眷顾，而剩下的人则必须拼命地努力。现实世界中的差异，在元宇宙的深层也同样可能产生。

拥有天生受人喜爱的角色的人仅通过打游戏、表演歌曲、闲聊就可以成为红人，可以赚到钱，获得人们的认可，剩下的人却可能遭遇无论做什么都白费力气的惨状。

虽说对于那些由外貌、学历、职业等因素带来的差异，人们通过某种程度的努力可以克服，但是由于角色与自己的身份连在一起，难以确定努力的方向。

目前，可以让人变得更美的化妆、整容技术越来越发达，能够帮助人们考上好大学的补习班，家庭教师也得到普及，人们要想提高收入可以考取资格，参加职业培训。总之，人类已经找到了通过后天努力弥补先天因素造成差异的办法。

我坚信，在元宇宙的普及过程中，即使出现个性的差异，人类一定能够找到弥补这种差异的方法。

从商业主义向价值主义的转变

到目前为止，人们大多认为"赚钱的事"等同于"对整个社会有价值的事"。

制造平板电视、空调、扫地机器人的家电厂家在获利的同时，也为人们带来了舒适的生活。电动助力自行车、汽车的厂家在赚钱的同时，也提升了整个社会的移动能力。

然而，伴随资本主义社会发展的成熟化，"赚钱的事"与"对整个社会有价值的事"非但没有越走越近，反而是渐行渐远。企业越是赚钱，地球环境就越会遭到更大的破坏。与此同时，其他行业之间的差距也会不断加大，人们的不满与日俱增。

为了纠正"赚钱的事"与"对整个社会有价值的事"之间的偏离，为政者已经针对SDGs、ESG等展开了讨论。人类社会正从"金钱至上"的"资本主义"时代向关注个人是否从感情上感受到了价值、整个社会是否感受到了价值的"价值主义"时代逐步转型。

"价值主义"是我造出来的一个词语，我认为人类不仅需要追求"是否赚钱""是否有用"的"实用价值"，还需要追求针对人们的感情产生积极影响的"感情价值"、对整个社会产生积极作用的"社会价值"等三者之间的平衡发展。

那些肤浅的、立足于短期视角的理论在全球市场上没有什么现实意义。

那些不太专业的咨询、投资银行级别的思维将会被 AI 所取代。AI 通过规模庞大的机器演算在一瞬间就可以完成计算过程，如此一来，那些金融机构、对冲基金的交易员将会消失。

当咨询师向企业拿出写有投资建议的资料时，对方会说"哎呀，相比人类，AI 制作的建议书更好呀"而表示拒绝。由于在社会保险劳务士①、行政书士②、司法书士③的工作中存在仅通过套用模板的简单流程就能完成的工作，这个行业的不少工作也开始被 AI 所取代。

作为结果，这些工作的成本会降至原来的十分之一以下。那些托逻辑思维的福而占据社会的中心地位的人们慢慢地会沦落到社会的边缘地带。

能够在"有用""能够赚钱"的"实用价值"、引起人们共鸣的"感情价值"、对整个社会发挥积极作用的"社会价值"之间取得平衡的人们大显身手的时代即将到来。

我认为在从物理制约获得解放的元宇宙时代，终极而言，相

---

① 在日本，社会保险劳务士是人力资源专家，主要从事与劳动保险和社会保险手续相关的文件制作、提交等，还提供劳务管理的咨询指导业务、养老金咨询业务等。——译者注
② 在日本，行政书士是法律文件专家。主要从事向政府机构提交文件的制作与提交的代理、合同等的代理制作、咨询业务。
③ 在日本，司法书士是不动产登记、商业法人登记、审判文件制作方面的专家，主要从事登记、交存手续的代理，向法院、检察厅、法务局提交的文件制作以及与之相关的咨询服务等。——译者注

比是否会被AI所取代,"是否赚钱""是否喜欢""是否认为会有社会价值"才是人们对一份工作做出判断的标准。

"按照自己喜欢的方式生活下去"

曾几何时,所谓工作,就是供职于一家公司,和其他员工聚集在一个办公室里,脖子上系着领带,一天需要在办公室工作8到10个小时是常态。直到黑心企业被曝光受到社会谴责之前,人们经常加班到晚上11点、凌晨0点,乘坐末班车回家,第二天早高峰的时候又挤车去上班。彼时,这种工作方式再稀松平常不过了。YouTuber彻底改变了这种工作方式和无聊的人生形象。

YouTuber完美地克服了工作上的时间制约与空间制约。

在元宇宙中,同样价值标准的转换也会发生。

未来,人们不仅会从时间、空间的制约中解放出来,还会从身体的制约中解放出来。人们的生活方式将从"做自己喜欢的事情活下去"更进一步,变成"以自己喜欢的方式生活下去"。

有了元宇宙,身体就不一定是自己的了。看起来不是美男美女,即使是个矮矮胖胖的人,在虚拟空间里也可以变身为帅哥、超级美女。即使在现实中自己穿的是睡衣,在元宇宙中穿的还是西装或女装套装。即使不擅长唱歌,也可以在AI的帮助下将声音转换为具有专业水准的歌声。

以往,那些怀着"想成为歌手""想成为宝冢歌剧团的演员"

梦想的人，会喋喋不休地抱怨"我们很穷，所以没钱学习声乐、芭蕾舞和日本舞蹈""连专科学校都上不起""又不认识演艺公司的人"等。

现在有了 YouTube，谁都可以从今天开始作为歌手出道，也可以作为吉他手和搞笑艺人出道。反过来说，可以说因为有 YouTube，所以不能再找"虽然喜欢这一行，但不能以此为生"的借口。

伴随元宇宙的诞生，所有的制约都会消失。置身于这种时代，我们必须有强烈的"自己想要成为什么样的人""想要如何生活下去"的愿景。

自己的价值、自己的主义、自己的理想是什么？人类注重在内心创造价值的时代即将到来。

"文艺复兴 2.0" 的黄金时代

从 14 世纪到 16 世纪，以意大利为起点，整个欧洲迎来了名为"文艺复兴"（renaissance）的文化、文明的黄金时代。《神曲》的作者但丁·阿利吉耶里、《十日谈》的作者乔万尼·薄伽丘、桑德罗·波提切利、列奥纳多·达·芬奇、米开朗琪罗·博那罗蒂、拉斐尔·桑蒂等众多天才如群星璀璨。

我认为正在建设的创作者经济和元宇宙是第二次人类创造性爆发的文艺复兴。

为什么欧洲会爆发文艺复兴？其中一个原因是通过与海外的

贸易积累了巨大的财富，诞生了像佛罗伦萨美第奇家族那样的大财阀。拥有巨额财产的美第奇家族，不断地投资于有才华的艺术家并成为赞助人。最终文艺复兴得以开花结果。

当今世界的形势与当时很类似。拥有数百万亿日元的GAFA+微软公司（GAFAM），拿出巨资想要在虚拟空间上建立自治区（自己的独立国家），成为像当年的美第奇家族那样的财阀。

到了19世纪后半叶，爱德华·马奈、克劳德·莫奈、保罗·塞尚、文森特·凡·高、皮埃尔·奥古斯特·雷诺阿等被称为"印象派"的天才画家们，开辟了色彩丰富的独特表现方法。

事实上，印象派的出现是有一定的技术革新背景的。那就是"管状颜料"的发明。以前人们在户外一边看风景一边画画的做法不像现在这么普遍。人们通常是在户外画完素描后再回到画室慢慢完成作品的。原因在于当时颜料不可随身携带。彼时，颜料是画家和他的弟子根据需要将颜料碾碎后用油脂调制而成的，这样的颜料不仅使用起来很不方便，而且非常昂贵。

之后，人们发明了装在管子里方便携带颜料的技术，一部分不出名的画家开始专职制作颜料。颜料逐渐变成便宜又容易买到的东西，在世界上得到普及。结果，在户外使用颜料完成绘画的作画方法也逐渐普及，催生了"印象派"。也就是说，印象派是"颜料商品化"引发的现象。

现在发生的元宇宙革命，也和这个很相似。3DCG的技术，不久前为极少数工程师和创作者所专有。高性能的CG软件价格昂贵，绝非等闲之物。

但是现在谁都可以免费使用软件，科技的大门已经向所有人开启。即使没有专业知识的人使用这样的软件，也能创造出非常棒的视频和虚拟空间。"管状颜料"只是被科技所取代，这正是第二次文艺复兴。

但是，使用科技的一方，必须要有作为作家的感觉和原创性。现在科技开放了，如果作家本人充满想象力和创造力的话，那就是如虎添翼了。

提出相对论的物理学家爱因斯坦留下了"想象力比知识更重要"的名言。与其读万卷书，把图书馆里的知识装入大脑，不如张开想象和创造的翅膀。

人类通过科技与创造性的融合，可以创造出更多的财富，形成良性循环。人类以想象力和创造力拥抱世界的"文艺复兴2.0"的黄金时代即将到来。

第五章 后元宇宙时代的新世界

> 如果以真实作为前提进行努力,那就基本上没有取得进步的希望。
> ——莱特兄弟(威尔伯·莱特、奥维尔·莱特)

> 人生所需要的,无非就是勇气和想象力,还有这么一点儿钱啊。
> ——查尔斯·斯宾塞·卓别林

算法民主主义：现实与虚拟的逆流现象

在第五章中，我想对元宇宙构建完成之后的世界，自由地展开想象。

元宇宙的普及所引起的一个次要效果是数据和算法的影响进一步增强。特别是在 VR 终端设备普及之后的元宇宙中，想必这两个要素会加速进化。原因是在元宇宙中数据获取规模和算法的适用范围会大幅扩大。

简单来说，算法就是在计算机上再现的算式、逻辑、机制。这是决定为了谁将什么以怎样的优先顺序进行显示、控制的规则。

我们在软件或网站服务中搜索、预约、输入时起决定性作用的是算法。

①在获取数据规模方面，通过个人电脑、智能手机和 VR 终端设备可以从用户那里获取信息的质量和数量都是无法相提并论的。

人们可以从个人电脑或智能手机中获得用户的使用情况，是否进行了"点赞"，以什么样的身份与什么样的人取得了联系之类的二维属性的数据。

在 VR 终端设备中，整个视野被屏幕所覆盖，所以人们可以获得贴近用户身体的数据，即用户关注哪里，实时拿起什么，如何移动之类的数据。基于二维数据可以做的预测与基于贴近身体的三维数据所能做出的预测不可同日而语。

②算法的适用范围也大幅扩大。在 VR 终端设备中，整个视野都是计算机屏幕，所以可以将算法应用于用户眼中的所有信息。

这与思考在电脑或智能手机的小屏幕上的什么位置显示什么的时代大为不同。包括在有深度的三维空间的什么位置以什么时机来进行显示在内，算法可以实时控制一切。算法甚至可以根据通过 VR 终端设备获得用户的视觉信息，在元宇宙城市的招牌上实时为某位用户显示特殊的广告，或者更换房间里的物品。

算法可以学习的数据数量和种类越多，精度就会越高。从理论上来说，伴随数据的增加，算法的精度就会上升，算法精度的提高会带来用户满意度的提高。结果，用户停留的时间越长，可以获取的数据就越多，如此就形成了一个良性循环。

数据和算法如同汽车的两个车轮一样，借助 VR 终端设备这种可以收集视觉、触觉、体验数据的装置和元宇宙这种可以表现深度、高度的三维虚拟空间，数据和算法这两个车轮无疑会高速旋转并不断进化。

以色列历史学家尤瓦尔·诺亚·赫拉利在著作《人类简史》《未

来简史》中，预测了人类将成为算法奴隶的未来，在世界范围内引起了热议。

他的主张大致如下：人类创造了"宗教""自由""国家""平等""货币""法律"等自然界中不存在的、人类独有的、虚拟的"故事（虚构的事物）"，并通过全员共享来实现社会的进步。

创造和分享这种"虚构的事物"的力量才是人类繁荣的源泉。生命和自然不过是算法的聚集体。今后如果科技进化的话，人们会把对生活的判断交给 AI，逐步成为算法的奴隶。而一些熟练使用算法的人会成为像神一样的存在（homo Deus：神人），大部分人会成为他们所创造的算法的奴隶。

在一般人看来，赫拉利的这种主张是难以接受的。人们认为"他是个不会流泪的冷血男人"。但是，如果仅从事实和逻辑的角度冷静地进行思考，我们不得不承认他的主张极有道理。

想要否定他的"人类通过相信'虚构的事物'而取得发展"的主张，必须拿出神、爱、人权、平等、社会、尊严等"虚构的事物"。

我们就会陷入用虚构的事物来否定虚构的事物存在的同义反复之中。至少从科学的角度来看，我认为难以否定他的主张。

他所主张的"人类将成为算法奴隶"将会在未来随时发生。我个人认为这是相当准确的预测。

例如，我们搜索前往某处的路径时，不会询问路边的人们，而是会使用谷歌地图等软件。

遇到不懂的词语时，许多人不会去图书馆翻阅书籍，而是参考维基百科等网站服务。

　　抛开个人感情，世人已经深信算法机制，我们的生活已经越来越离不开算法。如此，如果计算机能够收集世界上的所有数据，算法的精度会不断提高，赫拉利的预言将会变为现实。这一点不难想象。

　　算法支配的社会一般被认为是反乌托邦（绝望的黑暗世界），但我认为不是那样的。因为人类过去经历过类似的事情。

　　那就是"法律"。日本的法律是通过议会制定的针对日本国家运营方法的文明文化的规则。简单地说，这正是人类创造的单纯"算法"。

　　算法本来的意思不是指计算机程序，而是广泛地表示"推导出某个问题答案的方法和程序"。如同赫拉利指出的那样，人类为了生存也具备了摄取食物并反复代谢的算法。另外，我们所生活的人类社会也具备了对特定课题得出特定答案的方法和程序。在现代社会，"法律"就是其中的一个代表。

　　也就是说，议会创造的算法叫作"法律"，计算机创造的算法叫作"AI"，实际上，我们从几百年前就开始按照算法来运行社会。

　　过去，国家被国王和贵族等少数特权阶级所把持。为政者的暴政曾经招致政变、内乱、国家灭亡。人类经历了许多失败之后，通过在"王权"之上设置"法律"，找到了治理国家的方法。

　　那是近代的"法治国家"。还有，法律由代表民众的议员们在议会中通过多数表决方式来决定。在过去大约 300 年里，这种体制运转得相当顺利。

然而，近年来这种国家的运营方式也达到了极限。随着信息化社会和全球化的发展，世界变得越来越复杂，超越了人类可以掌控的水平。

人们刚刚解决了一个问题，又会遇到另一个问题，发生于一个国家的事件会在一瞬间产生波及整个世界的影响。

比如，当今的恐怖主义、环境问题、疫情传播都是最初发生在一个国家但会瞬间波及全球的例子。

人类尚不习惯解决这些错综复杂的问题。以各国利益为大前提，在议会通过时被视为正确方针，从世界利益角度出发则被认为是错误方针的情况不胜枚举。此时，想必各位的头脑中会浮现出美国前总统特朗普的政策、英国脱欧等问题吧。

而且，近年来由于世界形势变得过于复杂，人们难以客观地把握真实的情况。于是，比起"是否是事实"，更注重"自己是否能接受"的人也越来越多。

这已经成为假新闻、阴谋论和法西斯主义的温床。人们要想客观地捕捉现代国际社会的形势，需要掌握更广泛的知识。相比通过学习掌握知识这种做法，认为"世界上有坏人，解决了那些家伙就万事大吉"的做法更简单，更容易理解。

有这样想法的人很多。一部分政治家会利用这一点在选举中轻易获得选票。而代价则是，许多持有错误主张的人却会受到众人的支持而当选，从而推出许多自杀式的政策。在世界范围内，人们做出这种破灭式选择的概率正在上升。

这会造成议员不再听取民意，在议会制定合理的政策与法律。在世界局势还相对简单的时期，这样的方法可以说是最为有效的。然而，在错综复杂的当今世界，这种方法已经渐渐变得不合时宜了。

世界需要新的价值观。

如同当初在"王权"之上设置"法律"，如今我们有必要思考在"法律"之上设置 AI、算法的必要性。

对于我的这种表达，或许有人理解为 AI、算法统治人类。但我所要表达的意思是，人们在制定法律之前可以参考计算机通过大规模的学习而推导出的算法。

日本议会正常发挥功能的前提是，议员能够正确把握当今社会形势。人们要想正确把握愈加复杂的世界，借助 AI、算法的力量是不可避免的趋势。

现实世界的复杂程度已经大幅超越了人类个体的认知能力。应对简单世界的问题，使用法律就可以，应对复杂世界的问题，则必须借助 AI 的力量。

我们在查看"前往目的地的路径""热门餐厅""受欢迎的约会场所"等排行榜的时候，会参考计算机的算法给出的选项，最终自己做出判断。

国家也是如此。议员们应该在参考计算机的算法所给出回答的同时，对国家的方针做出决策。

我曾在序章中说过，科技在行政机构的普及要比在个人之间的普及晚 6～10 年以上。想必在我们个人中间已经普及的科技，在晚些时候也会渗透到政治领域中。

我们可以给这样的国家运营方法取个名字叫作"算法民主主义"。

赫拉利在《未来简史》中所讲述的内容就好像如今 AI 引发的这场重大革命一样,其实,人类在过去的 1000 年左右的时间里一直处于同样的处境中。

那就是不是由国王、贵族等一部分人随意做出决策,而是由议员借助能够体现众人意见的算法做出决策的潮流。

过去,议员、议会是在听取民意的基础上,将其落实到"法律"这种单纯的算法上,未来,计算机会以大数据的形式大量提取人们的信息,并将其落实到"AI"这种复杂的算法上。

这是排除特定个人的随意性,导出更为客观的答案,提高国家可持续发展能力的尝试。也就是说,根据基于科学与逻辑的规则(算法)进行运营这一人类发展的大方向并没有改变。

如今,在被问及"对于政治家、AI 做出的回答,您更相信哪一个"的时候,想必许多年轻人会回答"AI"。未来,伴随他们成为社会的主流,前面所说的潮流自然会进一步加强。

在算法民主主义环境中,元宇宙的作用

假设"算法民主主义"被慢慢导入社会,元宇宙在其中会发挥怎样的作用呢?

我预测元宇宙将会成为算法所控制的未来社会的"实证实验场"。

人类要想改变现实物理世界的结构，需要花费相当高的成本，而且，绝不允许失败。人们需要在慎重讨论的基础上，进行各层利害的协调，取得相关人员全员的赞成。人们制定法律、修筑建筑物与道路、确保预算等都是需要花费 10 年、20 年的时间。

与此不同，在元宇宙中构建新的虚拟世界时，不存在需要协调利害的相关人员，马上就可以制定该空间的规则并进行尝试。

在虚拟空间中修筑建筑物、道路，只需花费在现实世界中所需费用和时间的几千分之一、几万分之一。我们可以进行这样的模拟，召集几万、几十万的居民，通过对虚拟社会运营的尝试来发现问题。

我们可以通过在线方式募集尝试在元宇宙中居住的人。当然，这些人没有必要真的搬家。

那些在元宇宙中的实证实验被证明具备优异功能的算法，接下来会被运用于现实社会之中。

也就是说，过去人类是模仿现实世界的状况构建元宇宙的。未来人类有可能采取相反的方式，即模仿元宇宙的状况构建现实世界。

改变全世界游戏规则的契机

政治体系的升级是极为敏感的问题，政治结构的变化也意味着"权力"的转移。

以前，人类在从由国王主导的政治体制向由法律主导的政治体制的过渡过程中，曾经发生过激烈的争斗。

想必那时，对于"由法律主导的民主政治"，国王、贵族非常不快地认为"治理国家还要倾听愚蠢的民众的意见，实在是荒唐。对于这个国家的未来走向，最为理解并能做出正确判断的只有我们特权阶级"。

同样，那些反对将 AI 融入民主主义之中的人应该也有类似想法吧。

"治理国家还要采纳 AI 的意见，那不过就是一台机器，实在是荒唐。对于人类，最为理解并能做出正确判断的只有我们人类。"

在 100 年后的人们看来，这两种看法或许区别并不大。

伴随科技进步，现实世界经历着日新月异的变化。与此不同，政治、国家的结构却会在维持几十年、几百年后，以某个事件为契机而发生急剧改变。

大致来说，是在爆发战争、革命、恐怖事件，传染病大流行、环境污染等问题的时候，全体国民都领悟到"旧体制已经无法继续维持下去"的瞬间，政治、国家的结构会发生变化。

现在的人类尽管面临环境污染、新闻造假、法西斯主义、阴谋论、核战争、争端、恐怖主义等诸多问题，仍能勉强维持正常秩序，但我们无法断言这种平衡状态是否还会持续下去。

当人类创造的问题超出了人类所能应对的极限时，想必人们就会开始认真研究算法民主主义了吧。

近未来战争的形式

接下来，我想谈一下今后的"战争"。

2022年2月俄罗斯与乌克兰发动军事战争，震惊了世界。这背后有错综复杂的原因，但我认为与各国关系失衡有着明显关系。过去，霸权国家美国的存在成为一种威慑力，各国因为害怕受到经济制裁和军事制裁，不敢对其他国家发起战争。

这次和乌克兰的纷争或许也可以说是美国和俄罗斯关系有所变化的证明。在过去的10年里，中国在政治上和经济上都开始比肩美国，在世界范围内中国也开始发挥影响力，所以与中国关系紧密的俄罗斯可能并不像以前那样对美国过于忌惮。

各国政府决定对俄罗斯实施经济制裁，将俄罗斯排除在国际金融体系之外。由于世界的金融体系是相互联系的，各国通过在被称为SWIFT（环球银行间金融电信协会）银行的国际性网络中排除俄罗斯，可以阻断俄罗斯与他国的结算和汇款。

由此，俄罗斯的政府、企业、个人与世界各国的资金来往出现困难，各种各样的经济活动多少会被影响。这样的话，依赖进出口的当地企业就很难生产、接受订单、销售，进而倒闭，俄罗斯企业的股价和货币价值也会暴跌，失业者增加，经济或陷入崩溃。对于多数国家来说，金融体系是国家的要害所在。这种要害部位被称为"单一故障点"。

近未来，那些数字民主主义趋势正在加速、实现了与 AI 融合的国家的情况又如何呢？

正如您想象的那样，"数字基础设施"才是国家最大的要害所在。如果敌国的运转依赖系统的话，大规模地进行网络攻击，就可以使该国的系统崩溃，实际上能使该国陷入瘫痪。

现在，虽然行政的 DX 化没有民间企业那么先进，但是在不远的将来，各国政府、地方公共团体也会导入现代 IT 企业那样的运营体制，这是毫无疑问的。现在的民间企业也是依靠 GAFA 等提供的基础设施为用户提供服务的，一旦受到 GAFA 的排挤，也是有可能倒闭的。

同样，国家也是依靠外国企业的系统基础设施运转的，因此停止或切断该系统的利用可以成为最大的经济制裁手段。

在能源（电力、煤气）、移动工具（飞机、电车、火车）、通信工具（电话、互联网）等全部由 AI 系统控制的社会中，通过破坏这种系统可以使国家的经济活动被迫停止。

数字基础设施完全有可能成为下一代国家的要害所在（单一故障点）。

再进一步，如果出现了非中央集权型、自律分散型的共同体会怎么样呢？国家在指挥系统稳固的意义上可以说是中央集权的共同体，但是像比特币这样即使没有代表人物也继续运行的非中央集权的共同体会怎么样呢？

比特币受到被称为"挖掘者"的、在计算机上持续进行计算的世界各地的人们支持，只要他们继续计算，比特币就会继续存在。

实际上各国政府为了取缔比特币已经多次采取限制措施，但是比特币并没有消失的迹象。从区块链技术的性质来看，只有采取停止全世界计算机进行零散计算，即在世界范围内哪怕是在深山中的用户也找出来，停止所有用户使用才可以，然而这几乎是一件不可能的事。

从这个意义上说，摧毁非中央集权的共同体，与宗教"踏绘"行为相近。在闭关锁国的日本江户时代①，政府为了镇压基督教徒，采取了让人们踩踏基督的画像、把信徒施以火刑的措施。只是，那些踩过画像的信徒依旧在心里相信基督的话，政府也没有办法。

至于非中央集权的比特币，在世界上只要有超过两个人相信它并不停止计算，就不会消失。如果不能像掌握中本聪的信息那样，掌握其长相、真名和身份的话，那么政府连找都找不到那些使用的用户。而且，即使控制住某个人，但系统也会继续运行。

如果现代国家这样的共同体通过与AI和区块链的融合来获得自律分散性的话，要使其崩溃，只有采取让参与者"死心"的方法。

也就是说，我们只能消灭那些相信该共同体并参与其中的人们的幻想，使他们失去对共同体的信任，直到参与者变为零。因此，想必在背后为"争取人心"，假新闻和阴谋论等高水平的信息

---

① 始于1603年3月24日，止于1867年11月15日，前后历时264年。该时代为德川家康所创立，幕府设于江户即现在的东京，故称"江户时代"或"德川时代"。"江户时代"是日本封建社会的最后一个阶段。——译者注

战将会越来越激烈吧。而且，我们可以想象，伴随能够直接连接大脑与计算机技术的不断进步，这个倾向会变得更加明显，诽谤中伤、假新闻、阴谋论就会变成数字病毒一样的存在。也就是说，我认为"人类的精神"将成为黑客攻击和网络恐怖主义未来的攻击对象。

宇宙空间与虚拟空间是人类最后的未开拓地带

历史上，人类一直是通过开垦未开拓地带而发展起来的。在大航海时代，西班牙和葡萄牙的船只到达了南北美洲大陆，以"为耶稣会（天主教会）传教"为理由，对原住民实施了侵略和统治。

在那之后，人们也通过战争和暴力夺取了他人的土地。作为争夺、开发土地的结果，留给人类的未开拓地带已经只有宇宙空间及虚拟空间了。

或者说还有SDGs。目前能够在全球范围大规模展开的经济活动，只有以应对全球变暖为目的的、能够代替火力发电和核电的可再生能源（清洁能源）的开发了。

关于宇宙空间，由埃隆·马斯克率领的SpaceXX和杰夫·贝索斯（Amazon创业者）创立的蓝色起源公司（太空公司）已经开始行动了。

SDGs属于用于解决资本主义发展带来的负面活动，所以不能说是纯粹的未开拓地带，是世纪型的开发所带来的疼痛纠正、错误（bug）纠正。20世纪纯粹的未开拓地带，只有宇宙空间和虚拟空间。

关于宇宙空间，人类或许能够建造巨大的空间站，使水和食物都能实现自我循环，或许还能够从月球和火星挖掘稀土。未来，人类为推进这些事业而投入的资金可达数百万亿日元的规模。

喜欢新事物的人们和未来的孩子所向往的无疑是宇宙空间和虚拟空间。总之，我们无论如何不能让那些愚蠢的父母毁掉孩子们的想象力和创造力。

想当年，FC游戏机风靡于世，大人们认为"玩这样的游戏，人会变傻，成绩会下降"而拼命地加以阻止。

近几年也有一部分自称大脑科学家的人用"游戏脑"这一貌似具有科学性的词汇威胁父母，试图从孩子手中拿走游戏机。

如果大人们没有强行收缴游戏机和计算机的话，那些天才或许会不去学校，从早到晚都打游戏，操作计算机。如果那些孩子，作为工程师和游戏创作者，可能已经取得了巨大的成功，也可能成为创业家，在硅谷赚了几百万亿日元。同时推进宇宙空间与元宇宙的同步开发。

今后，那些有才能的年轻人将会投身太空开发、虚拟空间开发这两个看似毫无关系的行业。但可以预见的是，两者将会令人惊异地不断接近。

1991年，为了发动海湾战争，美军在军事卫星通信方面迅速完成了准备工作。为了在这场战争中获胜，美军开放了GPS（全球定位系统）。通过GPS，美军可以准确把握地面上攻击目标的位置，即使是在漆黑的午夜，也能进入准确轰炸、攻击的状态。

具有讽刺意义的是，恰恰是因为海湾战争，GPS 得以向民间开放，汽车导航系统开始普及。人们既可以与宇宙飞船联网，也可以对国际空间站内部的情况进行直播。为了促进空间站的实际利用，也有人会在计算机上对月球城市计划进行模拟。信息技术将太空开发与虚拟空间开发这两个领域联系在了一起。

那些旋转在地球上空的人造卫星为地面上送来了数量庞大的观测数据。恰恰是有了这些人造卫星，人们得以利用计算机在虚拟空间中重现太空的样子。太空中的什么地方有什么样的星星？整个银河系的分布情况如何？太空中分布不均的黑暗物质处于什么状态？观测数据的积累会越来越多。

无论是月球城市计划，还是火星探索计划，在未来 5 年至 10 年之内都不可能实现。现在人们对这些计划进行模拟，想必未来可以将元宇宙空间作为先行实验的场所加以利用吧。太空开发和元宇宙开发这两个领域之间的融合会不断加强。卫星和火箭等硬件领域与再现虚拟空间的软件领域会融合在一起，有可能催生出新商机。

通过卫星所采集的数据，就如同再现虚拟空间时所需的"可尔必思饮料"的原液。在推进太空开发的过程中，观测数据的增加，对虚拟空间的构建会产生联动效应。硬件越是先进，虚拟空间也就越丰富。伴随硬件在虚拟空间中应用的深入，人们对硬件的投资也会加速。两者之间存在相互促进的关系。

关于人类移居太空殖民地的计划，我们可以在人类正式移居之前，在虚拟空间中事先体验一下。乘坐火箭飞离平流层时感受到的重力作用有多强烈？生活在无重力空间是什么感觉？自己在密闭空间里的抗压能力有多大？我们在元宇宙中，针对这些问题都可以提前进行模拟。

在收集到银河系的信息之时，我们也可以将银河系一模一样地复制到虚拟空间上。一百年以后的地球是怎样的？二百年、三百年以后的地球是怎样的？彼时月球和火星的开发工作进展能够达到什么程度？人们对于这一切的一切都可以进行模拟。

毋庸置疑，人们可以使用元宇宙作为宇航员的模拟器。因交通事故腿受伤不能行走的人，罹患 ALS（肌萎缩侧索硬化症）和帕金森病这样的顽疾不能自由行动的人，也可以通过元宇宙享受太空旅行的乐趣。

宇宙的本质是物质（硬件）还是信息（数据）

有一位天才物理学家名叫约翰·惠勒（1911—2008 年），他与爱因斯坦一起提出了相对论。凭借在广义相对论和量子引力理论研究的成就，他参与了第二次世界大战时期开发原子弹的"曼哈顿计划"。

针对"宇宙的本质是什么"这一问题，惠勒倾注一生的精力开展了各种各样的研究工作。晚年，他在自传中写下了这样一段话——"（说到宇宙的本质）最初我认为都是'粒子'，后来我认为都是'场',如今我认为都是'信息'"。这位从事过相对性理论研究的天才物理学家在晚年的时候认为宇宙是如同计算机那样的东西,提出了"宇宙实际上就是信息(数据)"的假说。这一点实在令人震惊。

在科学哲学的世界中、SF 小说中,人们在很久以前就提出了"模拟假说"。当 3DCG 发展到极限的时候,人们就可以构建出完全可以以假乱真的高精度虚拟空间。在不知不觉之中,现实与虚拟之间的界限消失,自己以为置身于现实世界,实际上却是在模拟现实(simulated reality)之中。这种在电影《黑客帝国》中出现的场景或许真的会成为现实。

如果人类能够顺利地展开太空开发的工作,获得分析整个太空信息的计算能力,那么人类就可以将整个宇宙再现到虚拟空间中。反过来说,或许到那时,我们所居住的宇宙本质和谜团也会大白于天下。果真如此,人们或许不能再说"虚拟空间充其量是个假货"之类的话了吧。

无论是将现实世界置于两面相对放置的镜子中间时所看到的世界,还是现实世界,只要是人类通过五感感觉到的(或是通过错觉感觉到的)世界都可以说是物理世界。如今我们所认为的物理宇宙,实际上是数据(信息)的集合体而已。想必有一天,惠勒所提出的"宇宙实际上就是信息(数据)"的假说会被证明是正确的。

与量子计算机融合的可能性

另外，我认为将来可能会和元宇宙融合的领域是量子计算机。所谓量子计算机，是利用量子重叠和量子纠缠等量子力学的现象制作而成的下一代计算机。如果各位真的想要详细地了解这个领域，仅阅读这一本书是不够的，各位一定要阅读相关的专业书籍。

人们感觉到常规型计算机的性能提升迟早会达到极限，所以开始关注量子计算机。长期以来，计算机领域有一个具有权威性的定律——"摩尔定律"。

摩尔定律是由英特尔公司创始人之一的戈登·摩尔根据经验提出的定律。他认为半导体（晶体管元件集成电路）的集成率每18个月会提高一倍。这样解释或许各位不太明白，换个简单的说法就是"半导体的性能每18个月会提高一倍，半导体的制造成本每18个月会降低一半"。也就是说，伴随一定时间的推移，性能会有一定的提高，制造成本会有一定的降低。这种规律在计算机行业已经存在很久，在过去几十年里这个规律已经得到印证。恰恰因为有了摩尔定律，人们才得以准确地预测未来，持续进行了大量的投资。

但是，最近有人开始指出有一天摩尔定律可能会失效。因为伴随集成电路的持续小型化，最终可能会遇到原子大小这个瓶颈。

在电路中流动的电流、移动的电子比原子小的领域中，物理学上的原理会变得不成立。因此，作为工作原理与以往的计算机完全不同的下一代计算机，人们正在不断加快针对量子计算机的投资步伐。

对于人类能否在 2022 年实现量子计算机的实际应用，我们难以做出判断。全世界的研究人员都已竞相启动了量子计算机的开发工作。其中，Google、IBM 就已经在这个领域投入了大量的资金。2019 年 Google 的研究团队发布了一项震惊世界的研究成果。他们使用正在开发的量子计算机用 200 秒完成了当时世界上最快的超级计算机需要 1 万年的时间才能完成的数据处理。然而，彼时多数人认为这是该团队为了证明量子计算机的优势而刻意做的实验结果，带有少许宣传色彩。

现在，在通常的领域中，量子计算机基本上没有用武之地。原因在于人们没有进行如此大规模计算的必要，量子计算机与常规型计算机擅长的领域也各不相同。

如果有一天摩尔定律失效，计算机的性能不再提高，现在的大多数的网络服务不会受到什么影响，但是元宇宙领域的情况则会不同。

在 3DCG、VR 领域，人们因为计算机的硬件性能不足而不得不在品质上做出妥协的情况比比皆是，一旦拥有了具有常规型计算机 1 万倍的计算能力的计算机，构建、运行在品质上不逊色于现实世界的虚拟空间将会变得很简单。也就是说，我们能否构建出《黑客帝国》中那样的虚拟世界，很大程度上取决于计算机计算能力的提升程度。

人们对二维空间增加一个维度使其成为三维空间时，需要处理的信息量会出现令人难以置信的暴增。计算机为我们再现物理世界中的简单景象、变化时，在后台需要进行数量惊人的计算。

光线从玻璃上反射出来，杯子从桌子上掉到地板上摔成碎片，水面泛起涟漪……仅仅是想要逼真地再现这些情景，就需要相当的信息量和计算量。人类并没有在地球规模的虚拟空间内处理数以千万计、数以亿计用户同时互动的计算能力。

然而，除了组合优化等一部分用途以外，人们尚不知道量子计算机还具有什么优势，量子计算机也不具备常规型计算机所拥有的通用性。实际上，没有人能够说出具体到什么时候，量子计算机能够实现实际应用。

从这个角度而言，目前量子计算机是一种与元宇宙、区块链技术无法相提并论的未知技术。

如果由于摩尔定律失效，计算机的性能无法继续提升，想必元宇宙就不会超越现在的 FPS 游戏、VR 内容的范畴，达到电影《黑客帝国》所展示的水平了吧。

未来，人类如果能够像现在我们使用常规型计算机那样广泛使用量子计算机，那么人类或许就会迎来可以在一瞬之间生成具有地球规模的虚拟世界并对几亿人的各种操作进行处理，可以在一瞬之间对涵盖整个地球的数亿种未来进行模拟的时代。

我出生在 1986 年，那时世界上既没有万维网，也没有智能手机、区块链。现在，世界上大多数的领先科技都是在过去 30 年内诞生的，而统治世界经济的 GAFA 和 BAT 等公司在 30 年前也是不存在的。

人类如果能够实现对具有通用性的量子计算机的实际应用而掌握无与伦比的计算能力，就能准确地对太空中银河系的各种变化做出模拟。我认为在我有生之年能够看到这样的未来并不算是什么奢望。

制造机器的机器与创造世界的世界

随着某种科技的不断成熟，其使用成本会持续下降，最终这种科技或者在出乎意料的领域大显神通，或者与其他技术相结合，在谁都想象不到的方向上取得发展。这样的事例简直太多了。

例如，我认为设计出比特币的中本聪当初没有预测到区块链能够掀起席卷 NFT、Web 3.0 的潮流。同样，我能够想象，未来元宇宙相关技术也会在我们难以想象的领域，与其他技术结合在一起，取得远远超乎人们想象的发展。

在元宇宙领域中，最具冲击力的是与 AI 的结合。在 3DCG 等领域中，人们已经在一部分工作中开始利用 AI，不过制作分身、空间的工作大多还是由创作者手工完成。在构建元宇宙的初期，人类会手工制作各种各样的虚拟空间，伴随制作技术不断成熟，想必制作虚拟空间的工作会交给 AI 来自动完成吧。

2022 年 2 月，被 Google 收购的 AI 创业企业——DeepMind 发

布了一则有趣的消息。DeepMind 开发的计算机围棋 AI——阿尔法围棋曾经战胜过围棋世界冠军而引起世人关注，在全世界掀起了 AI 潮流。

那则消息的内容是，DeepMind 开发的 AI 编程系统——阿尔法围棋在竞赛级别的编程比赛中取得了排位居于前 54% 的成绩。在这种编程比赛中，参赛者需要针对任意课题选择合适的算法，书写代码。阿尔法围棋在与五千多名参赛者的比赛中，排位居于前 54%。

仅凭这些，或许各位似懂非懂。简单来说，人类已经迎来了"用 AI 创造 AI""用机器制造机器"的时代。作为程序员，AI 目前的成绩处于与人相同的水平，但是如果让 AI 继续进行大量的学习，能够以令人难以置信的精度、速度持续书写代码的 AI 就会出现。我认为这一天的到来并不遥远。

这将会对我们的未来产生巨大的冲击。创造系统的系统也就是创造 AI 的 AI。未来，机器将会被赋予通过自我进化、自我再生产、自我复制，实现如同生命那样的持续自由进化、自由增殖的性质。

人们认为即使 AI 得到普及，工程师、程序员构建系统的工作也不会消失。不过，书写代码的人们可能要面对来自 AI 的竞争。未来，想必简单的系统可能不再需要人类来构建了吧。

这种"创造 AI 的 AI"得到普及之后，如果进入元宇宙领域，那么"创造虚拟世界的虚拟世界"诞生的可能性就会很高。元宇宙空间不过是在计算机上的数据与代码的集合体。通过元宇宙与 AI 相结合，我们有可能实现数量庞大的、多姿多彩的虚拟世界的自发增殖。

彼时，虚拟空间已经不是人工制作出来的，而是 AI 随意制作出来的。在数量庞大的、多种多样的虚拟空间中，人们可以自行选择适合自己的世界，AI 也会灵活地向人们做出推荐。

例如，YouTube、抖音上的时间线就是 AI 根据用户的喜好制作出来的个性化的东西。同样的道理，虚拟空间也会根据 AI 读取到每位用户的喜好不断朝着符合该用户需求的方向进化。

如果虚拟世界可以通过自行分化、进化、复制，不断进行自我增殖的话，也许不用通过人手，而是通过 AI 的力量，就能在虚拟空间中不断构建多元宇宙。

实际上我们生活在这个物理世界里，通过文明的进步创造出了计算机，最终进化到构建虚拟空间这一步。与 AI 相结合的虚拟空间生成其他的虚拟空间并不断进化，这也是合情合理的。在那之后，像俄罗斯套娃一样，虚拟世界继续产生另一个虚拟世界，就像生物的进化论一样，一边分化，一边平行地进化。

到了这个阶段，虚拟空间就会超越人类可以控制的复杂程度，想必控制虚拟空间运营的将从人类变成 AI 吧。而且，虚拟世界一旦进化成与现实世界具有相同水准的复杂程度和灵活性的生态系统，就会接近一个巨大的"生命"般的存在。

也就是说，这个生态系统就会获得通过从外部获取信息使结构变得复杂，进而通过反复地复制持续进行进化的功能。如果这种持续进化一直进行下去的话，或许有一天，虚拟世界可能会像人类一样获得类似"意识"的东西。

虚拟时光旅行

想必各位在阅读喜欢的运动员和艺人的博客时,都有不断翻阅之前历史消息的经历吧。存储着文本的存档,犹如横着切断树干时看到的年轮。伴随时间从过去到现在再到未来的单向流动,二维文本信息也会不断积累。

在虚拟空间中,能够大量积累的不是二维,而是三维的视觉信息。您是在哪里一边做着什么一边迎来2022年1月1日的新年的。早上起床的时候,您会回想昨晚的年夜饭中哪个菜品最好吃,曾经和家人聊了些什么。您度过的时光和空间信息都会通过3DCG被保存下来。

在元宇宙中能做的事,不仅是原封不动地复制现实世界,各位在虚拟空间上的行动也会作为3D信息被记录下来。点击YouTube的链接,视频就会开始播放。如此,人们可以自由地在时光隧道中穿梭,既可以简单地回到10年前的今天,也可以简单地回到30年前的今天。在虚拟空间中,人们可以在一瞬间穿越时间隧道进行时光旅行。

2021年初,克里斯托弗·诺兰执导的电影《信条(TENET)》在日本上映,电影内容由于"太难理解"而引发热议。在"TENET"的世界里,时间不会只向一个方向流逝。一旦穿过旋转门,时间就会向相反方向流逝。在那里度过1分1秒的话,时间不是"1分1

秒以后",而是"1分1秒之前"。再次穿过旋转门,时间的推进又会从"反向"转为"正向"。在同为这位导演执导的名为《主持人》的SF电影中,"这里所谓的'时间'是另一个物理上的'维度'"这句台词令人印象深刻(这是一部非常有趣的电影,强烈推荐给各位)。

如果我们事先对现实世界进行复制,以时间为单位进行保存,就可以移动到过去那个时刻所处的空间。也就是说,元宇宙中的"时间"指的是可以实际移动的一个"维度"或者"方向"。如同播放VHS和DVD,观看小时候参加运动会、其他值得回忆的场面一样,重返过去的空间,重温当时的体验。

现在我们看别人的博客和社交账户时,是在模拟体验人们过去的经历。但是因为那是二维的文本信息,人们通过五感感受到了什么,只能凭借在大脑中想象。如果有了元宇宙,人们就能如同身临其境一样回到当时,超现实地享受时光旅行。

人类的大脑适应了元宇宙之后,到现在为止还没展现的能力将会被开发。"回到40分钟前的空间吧",这样想着的孩子,很自然地就能回到40分钟前重新生活。就像重新开始角色扮演游戏一样,试着做出其他的选择。利用元宇宙随时可以重温过去的某个难忘时刻的未来人比现代人要聪明得多。正如能熟练使用智能手机和搜索功能的现代人在江户时代的人们看来是难以置信的聪明一样。

就像搜索过去的文档一样,人们可以在3DCG的视觉信息空间尽情跳跃,尽情穿梭。这样的话,人类的生活方式就会变得更加丰富。想必人生的目标和思想也会发生很大的变化吧。

基于与脑科学融合的现实版《黑客帝国》

在史蒂文·斯皮尔伯格执导的电影《头号玩家》中，头上佩戴VR终端设备的人们登录元宇宙之后，可以通过做实际的动作来奔跑、战斗。而在《黑客帝国》中的人们是在沉睡状态中登录元宇宙的，身体是一动不动的。看起来，好像他们在做梦。

要想实现《黑客帝国》中那样的元宇宙，就必须与"BMI技术"相结合。BMI是指"Brain-Machine Interface（脑机接口）"的简称，是连接大脑与计算机的新技术。这是一种既能通过特殊的装置读取大脑的活动来操作外部的计算机、机器人，又能从计算机向大脑发出刺激、信号的大脑与机器的双向连接技术。

实现BMI主要有两种方式。一种是在头部外侧佩戴装置来读取脑电波的"非侵入式"方式，另一种是在头盖骨上开洞在脑内植入微小装置的"侵入式"方式。

如果这种BMI技术能够得到普及，人们或许通过大脑的意念就可以操作计算机。实际上，佩戴在头部的非侵入式装置已经上市。人们不用动手操作，仅使用这样的装置就可以读取脑内的信息，在计算机上玩简单的游戏。此外，在医疗领域，人们已经开始尝试使用BMI技术治疗ALS、帕金森、抑郁症等脑部疾病。

现在，人们在享受VR内容的同时，在多数情况下必须用双手操作手柄，在宽阔的空间中来回走动。

如果，我们能够将大脑与计算机直接连接，仅通过意念就可以在虚拟空间奔跑，与他人交流。BMI 技术与元宇宙领域非常投缘。我预测，该技术将会在后元宇宙时代大展神威。

埃隆·马斯克创办的 Neuralink 公司已经在做通过将电极植入大脑对大脑进行控制的实验。这项实验如果能够取得成功，人类就有可能科学地把握人类大脑与意识之间的关系。未来，或许人类可以开发出让人对难吃的东西产生好吃的错觉，让苦于抑郁症的人产生很舒服的感觉的技术。

如此，手脚不方便的老年人、残疾人也能够在元宇宙中进行环球旅行。先天失明、失聪的人也能借助计算机的力量与健康人一样享受快乐的生活。

操作方法如同注射疫苗一样简单，在大脑植入芯片而已。芯片会复制大脑中的知识、记忆、思维的规律性，将数据不断上传到虚拟空间中。或许有一天，虽然肉体已经死亡，自己的意识却在虚拟空间中一直存活下来。实际上，这种想要创造"人工意识"的研究已经开始在世界范围内引起人们的关注。虽然在现实世界中，大脑已不存在，意识的规律性却如同那个人还在世一样继续存在。这种 SF 电影所展示的世界，有可能在不远的将来成为现实。

元宇宙之后是乌托邦还是反乌托邦？

在 21 世纪初，有一位作家敏锐地预见了网络社会的未来。那个人写的书成为畅销书，引起了很大的轰动。我曾见过这位作家，并与他一起用餐、交谈。

Google 和 Facebook 拥有了惊人的力量，远远超过了被称为"第四权力"的媒体（电视、广播和出版业）。我问这位作家互联网、搜索引擎和社交媒体引领的世界已经成为乌托邦（世外桃源）了吗？

他感叹道："人类并没有因为互联网的普及而迎来玫瑰色的未来。由于网络的出现，违法药物的交易、诈骗、黑客、诽谤等犯罪行为日益猖獗。互联网所描绘的乌托邦完美地破灭了。"网络社会不是乌托邦，而是反乌托邦（黑暗世界）。曾经从这位作家的书籍中得到过启发的我，对他的这个认识感到震惊不已。本应给很多人带来积极影响的他对自己写的书产生了一种罪恶感。

听着他的话，我在心里这样想：

"互联网确实存在弊端。但是，如果没有网络就不能实现更多的事情。我们没必要绝望。我自己的生活就是被科技拯救的。科技只是一种工具，既可以成为帮助熟练使用它的人摆脱地狱的蜘蛛丝①，也可以成为凶器。成为乌托邦还是反乌托邦取决于个人。"

伴随网络和智能手机的问世，只有一小部分人专有的信息实现了民主化。高高的地位和权力被削弱，生活在贫民窟的穷人和无家可归的人，都开始使用智能手机和社交媒体平台了。生活在

---

① 这个典故出自日本作家芥川龙之介（1892 年 3 月 1 日—1927 年 7 月 24 日）于 1918 年发表的短篇小说《蜘蛛之丝》。这篇小说以极乐世界的佛祖用一根蜘蛛丝救赎地狱罪人为故事主线，让读者深刻体会到，剪断那根代表"救赎"的蜘蛛丝的，正是人的利己之心。——译者注

世界各地的人们的知识、经验和秘诀会被作为数据不断存储起来直到永远。由数据编织而成的元宇宙具有无限的潜力。

无论是把元宇宙变成乌托邦，还是变成反乌托邦，完全取决于人类自己。我愿意相信人类的潜力。我期待未来的人类能把元宇宙升级为乌托邦。

终章　用自己的双眼去观察真实的世界

> 真正的发现之旅不只是为了寻找全新的景色，
> 也是为了拥有全新的眼光。
> ——马塞尔·普劳斯特

对我来说，"知道"意味着"能够用自己的双手再现"，除了我之外的任何人都能再现的时候，才算是真正"知道了"。我认为"了解世界"等同于"创造世界"，当每个人都能够创造世界的时候，才算是真正"了解了世界"。

那么，我为什么会萌生"了解世界"的强烈意愿呢？为什么会一直紧追这个主题不放呢？在这本书的结尾部分，我想稍微解释一下。

这是一本讲述创造世界方法的书，不是我的自传。因此，我尽量避免过多地提及我个人的情况。不过，我有这是我最后一本书的预感，所以还是想稍微谈一谈我自己半生的经历。

我出生在福岛县的农村地区。我家共有四个人，他们是我的母亲、哥哥、姐姐，还有我。我哥哥擅长体育运动且性格活泼。他总是在外边游荡，品行不是很好，是个经常闯祸的"问题儿童"，我姐姐与哥哥的性格完全相反，是一个做事认真的人。她是学习勤奋、喜爱读书、擅长画画的"优等生"。作为家中最小的孩子，我兼具哥哥和姐姐的特点，擅长体育运动和美术，曾一度厌恶学习，但并非不会学习。

小时候，哥哥和姐姐关系不好，彼此基本不说话。因为我与他们都有共同的话题，所以经常和他们交流，大致能够了解二人的想法。

那时候，在我的眼中，母亲稍微有些怪异。我们的家庭年收入只有 100 多万日元①。我们虽然过着非常贫困的生活，家里却有大量的书籍。母亲总是会阅读一些比较难懂的书籍，还会画画，给人一种超凡脱俗的感觉。

每当我和姐姐向母亲提出一些大人们经常谈论的政治、科学相关的问题时，我都能感受到母亲内心中的"与其谈论那些高大上的问题，不如多挣点钱"的不满。

母亲在看有关过去战争的纪录片、书籍时，经常会用手指着上面的一个人，对我们说"那个人是你们的曾外祖父"，然后会详细地给我们讲解。当时我还是个孩子，完全听不懂她讲的内容，所以没怎么认真听过。待到在学校上日本史课的时候，才知道母亲讲的都是真的。我的曾外祖父在战争时期曾指挥过军队作战，因为对偷袭珍珠港和挑起太平洋战争负有责任，战后作为甲级战犯死于狱中。

我记得在上小学的时候，去过几次母亲的娘家。那里被黑色

---

① 100 万日元约等于 5 万人民币，更新时间：2023 年 7 月 25 日。——编者著

的高墙包围，庭院里有两条总是乱叫的大黑狗，感觉有些吓人。上小学的时候，有一次在学校发给学生的垫板上印着在母亲娘家一带的航拍照片。

我曾经一边用手指着，一边对朋友说"这是我外婆的家"，可是没有人相信我。

我手指的地块面积有一个大公园那么大，所以他们肯定认为我在撒谎。当时我还是个孩子，只是对于别人不相信我的话感到遗憾。懂事以后，我渐渐地意识到自己似乎是出身在一个特殊的家庭。

在我出生之前曾祖父就去世了，我既没有因为他感到羞愧，也没有感到骄傲。只是，对他在世时的所见所感产生了强烈的兴趣。

我一上大学就开始创业，之后也一直经营着公司。我在世界各地开展业务，并在二十多岁的时候实现了公司的上市。与曾祖父相比，我觉得自己所做的事情似乎有点渺小。

如今，即使我们遭遇了失败也不会赔上性命。在做出关乎自己和几千万国民生命的决策时，他感受到了什么？为什么而烦恼？看到了怎样的景象？他眼中的这个世界是什么样的？我一直在思考这样的事情。

有关战争等过去的历史性事件，各种各样的人做出各种各样的解释和争论，世人所谈论的"事实"也只是从个人的立场出发的"事实"而已。真相往往具有多面性，然而在多数情况下，人们谈论的真相总是只有一个侧面。

老师、成人、伟人、世人所说的话和教科书上写的内容不一定是正确的。所谓的真相总是有多个侧面，我们如果不用自己的眼睛去确认，就永远不能把握真相。在大约 15 岁之后，这成为我的信条。

长大成人以后，我对这个信条非但没有改变，对它的坚信程度反而越来越高。我想自己直接接触这个世界，用自己的头脑去思考这个世界，用自己的眼睛去了解这个世界的真相。在此基础上，我想得出世界是什么，世界应该是什么样子的结论。我希望在有生之年能够做到这一点。这本书是我个人的实验和研究的记录。

虽然我不能在这本书中一一列举，对于在世界上被认为是正确的事、被认为是事实的事，通过自己的眼睛去确认，其中不乏颠覆认知之事。

当我们得知几十年来被教育和相信是正确的事、世界上 99.9%的人相信是正确的事完全错了的时候，我们受到的冲击之大是无以复加的。在这个世界上，"被隐藏的真相"还在无限地沉睡着，等待着被人发现。

就连由牛顿提出并被一直视为绝对真理的"时间"和"空间"的概念，之后也被爱因斯坦轻易地推翻。而且，"被隐藏的真相"未必都是如同相对论那样的大发现，在我们身边到处都是。

前几天，我收到母亲因为心肌梗死发作晕倒的消息，我时隔数年再次回到老家。那天，我从后门走进了破烂不堪的老宅，在地板已经老化一走上去就嘎吱作响的客厅坐了下来，呆呆地望着家里的陈设。突然发现眼前放着像是母亲的日记，虽然觉得随便翻看不太好，但是出于强烈的好奇心，我还是翻开了它。

我一直认为母亲最担心的是总闯祸的哥哥,但是她日记里写的却都是作为家中最小孩子的我的事。尽管我和母亲在一起共同生活了将近 20 年,但我们对彼此竟然并不了解。这虽然只是发生在身边的事,但对我来说却如同发现世间的规律一样震惊不已。

世界以惊人的速度不断发展。以往许多曾经是正确的事情,现在变成了错误的事情。我的想法也很快就会过时、落伍,不断有人对它进行更新。

我期待这本书能够激发各位的"健全的怀疑"之心,期待各位能够开始质疑那些所有人都深信不疑的常识进而成功地揭开被隐藏的真相。

此次,我在我个人有关元宇宙的实验、研究记录的基础上,编辑完成了这本书。如果这本书受到那些怀着"改变世界""创造新世界"梦想的"特立独行的人士们"的青睐,对他们有所帮助,我会感到无比的快乐!

佐藤航阳

2022 年 3 月

作者简介

佐藤航阳

(さとう・かつあき　Sato Katsuaki)

株式会社 SpaceData 代表董事

1986年出生于福岛县。2007年，就读于早稻田大学法学系期间成立了IT公司，并担任代表董事，开始从事大数据分析及在线支付业务，在八个国家积极开展商业活动。2015年只有二十多岁的时候，公司在东证创业板"Mothers"成功上市。累计筹措资金超过100亿日元，年营业额高达200亿日元。之后，于2017年以太空开发为目的创立了株式会社 Space Data，致力于能够根据卫星数据自动生成整个地球的数据孪生 AI 的开发。目前仍以"利用科技的力量创造新太空"为宗旨，继续从事研发工作。他曾入选美国经济杂志《Forbes》的"亚洲地区30位30岁以下商业领袖"（Forbes 30 Under 30 Asia）、"拯救日本的10位企业家"榜单。著作《金钱2.0》的累计销售量超过20万册，成为当时的畅销书，在2018年的商业书籍中创下了销售量日本第一的纪录。